Hanns Hubmann

Die Anfänge der BRD

Hanns Hubmann

Die Anfänge der BRD

Bilder der Adenauerzeit

Herbig

Bildnachweis:
Alle Abbildungen aus dem Archiv des Autors. Der *LIFE*-Reporter
Michael Rougier schenkte Hanns Hubmann das Bild auf Seite 7
zur Erinnerung.

Besuchen Sie uns im Internet unter:
www.herbig-verlag.de

Umschlaggestaltung: Wolfgang Heinzel
Umschlagbilder: Hanns Hubmann
Herstellung und Satz: VerlagsService Dr. Helmut Neuberger
& Karl Schaumann GmbH, Heimstetten
Gesetzt aus der 10/12 Punkt Minion
Druck und Binden: CPI Moravia Books GmbH
Printed in the EU
ISBN 978-3-7766-2615-5

Inhalt

Politischer
Neuanfang 7

Staatsbesuche –
Deutschland ist wieder hoffähig 22

Konrad Adenauer –
selten privat 39

Wiederaufbau 51

Das Leben geht weiter 83

Mode und Freizeit 96

Urlaub – weite Welt 113

**Die schönen Künste
und die Literatur** 130

Die »Leichte Muse« und der Film 147

Sport – die schönste Nebensache 168

Zeit ohne Krieg 183

Adenauers Abschied 187

Politischer Neuanfang

»Heute steht der Deutsche Bundestag vor Ihnen auf, Herr Bundeskanzler, um für das deutsche Volk dankbar zu bekunden: Konrad Adenauer hat sich um das deutsche Volk verdient gemacht!« Dies sagte der Bundestagspräsident Dr. Eugen Gerstenmaier am 15. Oktober 1963, als Konrad Adenauer seine Regierungszeit als deutscher Kanzler beendete. 1949 war Konrad Adenauer zum ersten Bundeskanzler der neuen Bundesrepublik berufen worden. 14 Jahre lang bestimmte er in diesem Amt die Grundlinien der deutschen Politik.

Bundeskanzler Adenauer auf Wahlkampfreise 1957. Der Fotograf Hanns Hubmann ist in Aktion zu sehen. Der *LIFE*-Reporter Michael Rougier schenkte Hubmann das Bild zur Erinnerung.

Im Herbst 1948 stand ein politischer Wegweiser am Rande der Autobahn von Köln nach Frankfurt.

Die drei Militärgouverneure, die vor 1949 in den drei Westzonen das Sagen hatten: die Generäle Lucius D. Clay (USA), Brian Robertson (Großbritannien) und Pierre Koenig (Frankreich).

Im Februar 1945 auf der Konferenz von Jalta hatten Roosevelt, Churchill und Stalin die Teilung Deutschlands in vier Zonen beschlossen, verwaltet und kontrolliert von einer Zentralkommission in Berlin, die sich aus den Oberbefehlshabern der Mächte zusammensetzen sollte.

Im Juni 1945 wurden die Parteien wieder zugelassen: Die KPD wurde am 11. Juni wieder gegründet, die SPD legte am 15. Juni ihr Parteiprogramm vor, und die neu gegründete CDU meldete kurz darauf ihre Forderungen an, denen sich Konrad Adenauer zunächst nicht anschließen konnte, denn ihm war bei seiner Entlassung jede politische Tätigkeit verboten worden. Aber schon im Januar 1946 wurde er Vorsitzender der CDU von Nordrhein-Westfalen und hielt eine Rede, in der er ein einiges Europa forderte, doch Deutschland nur auf die drei Westzonen beschränkt wissen wollte, weil Stalin die Ostzone allein dem russischen Einfluss unterstellte.

In den drei Westzonen wurden 1946 erste Gemeindewahlen abgehalten, bis Mai 1947 waren schon alle Länder-Parlamente gewählt. Die Ministerpräsidenten gründeten den »Länderrat«, zu dem sich bald als »zweite Kammer« der »Wirtschaftsrat« gesellte. Wie von den Militärregierungen gefordert, instituierte sich pünktlich am 1. September 1948 der »Parlamentarische Rat«, in den die Landtage Abgeordnete entsprechend der Stärke ihrer Fraktionen entsandten. Konrad Adenauer wurde zu dessen Präsidenten gewählt.

Deutschland war nach 16 Jahren wieder eine demokratische Republik – allerdings eine bedeutend verkleinerte. Denn gleich nach dem

Das kommunistische Mitglied des Parlamentarischen Rats, Max Reimann, bei einem seiner heftigen Debattenauftritte im großen Saal des Museums König in Bonn. Es wurde über das Grundgesetz beraten. Adenauer sieht im Hintergrund dem Treiben gelassen zu.

Zweiten Weltkrieg hatte die Sowjetunion das nördliche Ostpreußen mit Königsberg sich selbst einverleibt, den »Rest« unter polnische Verwaltung gestellt, ebenso die deutschen Gebiete östlich der Oder-Neiße-Linie. Die Sowjetzone wurde am 7. Oktober 1949 die Deutsche Demokratische Republik. Die darin eingeschlossene Stadt Berlin wurde in vier Sektoren aufgeteilt. Der britische, amerikanische und französische Sektor wurden zu Westberlin zusammengeschlossen, der sowjetische Sektor, Ostberlin, war zunächst das Verwaltungszentrum der Sowjetischen Besatzung, ab 1949 Hauptstadt der DDR. Mitten durch Deutschland lief seitdem »der eiserne Vorhang«.

Auf dem Eckplatz der ersten Reihe sitzt im Plenum des Parlamentarischen Rats dessen Präsident Konrad Adenauer. Neben ihm Dr. Anton Pfeiffer, CSU.

Die wichtigsten politischen Ereignisse im Leben Konrad Adenauers

1921: Als Oberbürgermeister von Köln zum Präsidenten des Preußischen Staatsrats ernannt

1933: Entlassung als Oberbürgermeister, mehrfache Verhaftungen auch in Zusammenhang mit dem Röhm-Putsch, 1944 Gefängnis

1945: Wiedereinsetzung als Oberbürgermeister von Köln durch die amerikanische Besatzung, im Herbst Entlassung durch die britische Militärregierung

1948: Vorsitzender des Parlamentarischen Rats

1949: Verkündung des Grundgesetzes, erste Bundestagswahl, Konstituierung des Bundestags und des Bundesrats, Bundeskanzlerwahl, Besatzungsstatut

1950: Bundestag beschließt Beitritt zum Europarat

1951: Adenauer fährt als Außenminister nach Paris: Schuman-Plan und Montanunion, Staatsbesuch in London mit Empfang durch Georg VI.

1952: Unterzeichnung des Deutschlandvertrags

1953: Erster Besuch in den USA, Volksaufstand in Ostberlin und DDR, zweite Bundestagswahl, CDU/CSU wird stärkste Fraktion

1954: Unterzeichnung der Pariser Verträge

1955: Am 5. Mai Inkrafttreten der Pariser Verträge, Besatzungsstatut aufgehoben: BRD wird souverän und Mitglied der NATO, Reise Adenauers nach Moskau: Aufnahme diplomatischer Beziehungen zur Sowjetunion, nachdem Heimkehr der Kriegsgefangenen zugesagt

1956: Bundestag ergänzt Grundgesetz zwecks Einführung der Bundeswehr

1955 plaudert Adenauer in einer Verhandlungspause mit den höchsten Sowjets Bulganin, Malenkow, Molotow, Chruschtschow, Perwuchin und Suslow. Carlo Schmid und K. G. Kiesinger lauschen vergnügt den Worten des Dolmetschers (hinter Bulganin).

1957: Anschluss des Saarlandes an die BRD, Verträge über EURATOM und EWG in Rom unterzeichnet, Wahl des 3. Deutschen Bundestags, Adenauer wird wieder Bundeskanzler, Anwendung der Hallstein-Doktrin gegen Staaten, die Beziehungen zur DDR unterhalten

1958: Erstes Treffen Adenauer–de Gaulle, Tod von Foster Dulles, Zweite Berlin-Krise, Atomdebatte, Inkrafttreten der EWG, Deutsche Mark ab sofort frei konvertierbar

1959: Sowjetischer Friedensentwurf für Deutschland, Deutschlandplan der SPD, Außenministerkonferenz der Großmächte in Genf mit deutschen Beratergruppen, Lübke zweiter Bundespräsident, Volksaktien

1960: Dritte Reise in die USA und erster Besuch in Japan

1961: Besuch bei J. F. Kennedy in den USA, Bau der Berliner Mauer, 4. Bundestagswahl, Adenauer wird zum 4. Mal Bundeskanzler

1962: Frankreichreise Adenauers und Gegenbesuch durch de Gaulle, *Spiegel*-Affäre, Regierungskrise, Wahl des 5. Kabinetts Adenauer am 14. Dezember

1963: Élyséevertrag in Paris unterzeichnet, Präsident Kennedy kommt nach Bonn und Berlin, am 15. Oktober Rücktritt Adenauers, Erhard wird Nachfolger

1964: Konrad Adenauer erhält von In- und Ausland viele Ehrungen, Wiederwahl zum Bundesvorsitzenden der CDU

1965: Weitere Ehrungen, Wiederwahl in die Bundesfraktion

1966: Am 5. Januar wird Adenauer 90 Jahre alt, Reise nach Israel

1967: Mitte Januar trifft Adenauer Franco in Madrid (bedeutende Europarede), Treffen mit de Gaulle, letztes Gespräch mit Bundeskanzler Kiesinger

1961 besuchte Konrad Adenauer den Präsidenten der Vereinigten Staaten von Amerika, John F. Kennedy.

Das Grundgesetz – Grundlage des neuen Staates

Am 8. Mai 1949 – genau vier Jahre nach dem Ende des Zweiten Weltkrieges – verabschiedete der Parlamentarische Rat auf geliehenen Stühlen in einem gemieteten Saal der Pädagogischen Akademie zu Bonn das Grundgesetz der Bundesrepublik Deutschland. Seit dem 1. September 1948 hatten die 68 Mitglieder des Rates aus allen von den Alliierten wieder zugelassenen Parteien unter dem Vorsitz von Dr. Konrad Adenauer daran gearbeitet und eine neue Verfassung geschaffen. Am 23. Mai 1949 unterschrieben sie in einem offiziellen Akt das Dokument, das von nun an das Leitgesetz für das deutsche Volk in den elf Ländern der drei westdeutschen Zonen sein sollte. Das gesamte deutsche Volk, so heißt es im Schlusssatz der Präambel, bleibt aufgefordert, in freier Selbstbestimmung die Einheit und Freiheit zu vollenden.

GRUNDGESETZ

FÜR DIE

BUNDESREPUBLIK DEUTSCHLAND

beschlossen vom Parlamentarischen Rat

in Bonn

am 8. Mai 1949

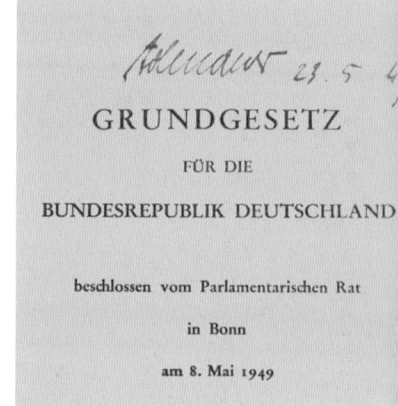

Das entscheidende Dokument – das Fundament Deutschlands.

Am 8.5.1949 beschloss der Parlamentarische Rat unter dem Vorsitz von Konrad Adenauer das Grundgesetz der Bundesrepublik Deutschland.

In der ersten Reihe von links: Max Rein (KPD), Walter Menzel (SPD), Carlo Schmid (SPD), Theodor Heuss (FDP) und H.-C. Seebohm (DP).

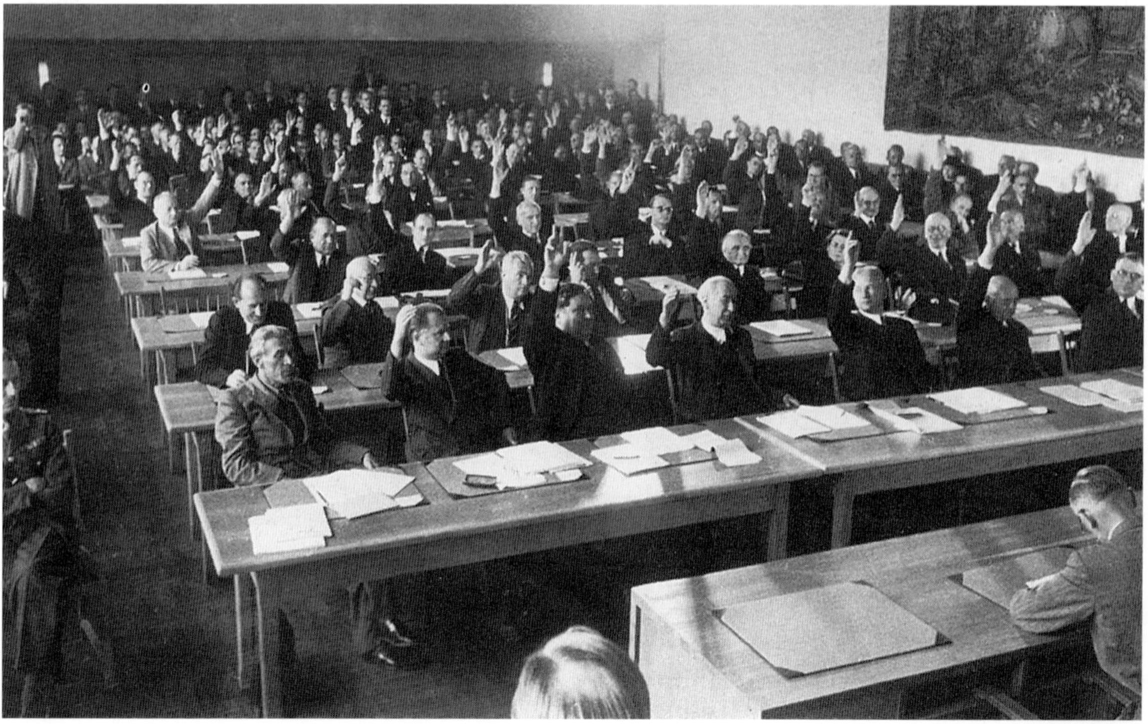

Am 23.5.1949 hatte Konrad Adenauer als erster das neue Grundgesetz im Großen Saal der Pädagogischen Akademie zu Bonn unterschrieben und beobachtete dann den Alterspräsidenten Adolf Schönfelder, der als zweiter unterschrieb. Als dritter unterzeichnete der zweite Vizepräsident Hermann Schäfer (r.) das Dokument.

Am 15. September 1949 wird Konrad Adenauer im Alter von 73 Jahren zum ersten Bundeskanzler gewählt. Er ist ein Meister im Umgang mit der Macht. Viermal in Folge wird er dieses Amt bekleiden.

Adenauer als engagierter Redner.

In einem malerischen Odenwaldstädtchen: Bundeskanzler Adenauer auf einer Wahlkampfveranstaltung. Die vielen Zuschauer haben einige Stunden warten müssen und hören seiner Rede mit viel Beifall zu. Er selbst liebte diesen Kontakt mit den Bürgern.

Deutsche Politiker auf einer Festveranstaltung in Bonn 1952 (v.l.): Altmeier, Maier, Blücher, Lehr, Dehler, Seebohm, Thedieck und Strauß.

Der große Gegenspieler Konrad Adenauers und sozialdemokratische Oppositionsführer im Bundestag Dr. Kurt Schumacher wenige Wochen vor seinem Tod am 20.8.1952.

Der Sozialdemokrat Carlo Schmid und der Christdemokrat Konrad Adenauer.

Politischer Neuanfang

Erich Mende (FDP), der seiner Partei das Etikett der »Umfaller«-Partei bescherte, als er wider seinen Ankündigungen zur Bundestagswahl 1961 doch mit der CDU unter Adenauer koalierte.

Der erste Bundespräsident der Bundesrepublik, Professor Dr. Theodor Heuss, spricht nach seiner Wiederwahl in Berlin am 17.7.1954 mit dem zweiten Bundestagspräsidenten, dem Konsistorialrat Hermann Ehlers.

Gustav Heinemann (GDP) trat wegen Meinungsdifferenzen zur Wiederbewaffnungspolitik aus dem 1. Kabinett Adenauer aus.

Am 17.10.1961 wurde Dr. Eugen Gerstenmaier Bundestagspräsident. Er, der von kleiner Statur war, ließ das hohe Abgeordnetenhaus am Rheinufer bauen, das man scherzhaft den »langen Eugen« nannte.

An die Fensterseite des Bundestags-Plenarsaales wurde von außen eine Tribüne angebaut, von der aus deutsche Bürger die Unterzeichnung des Deutschlandvertrags am 26.5.1952 beobachten konnten.

Anthony Eden unterzeichnete für England, Robert Schuman für Frankreich, Dean Acheson für die USA, und Konrad Adenauer setzte für die Bundesrepublik seinen Namen unter das Dokument, mit dem Deutschland wieder ein souveräner Staat wurde.

Der Deutschlandvertrag ist der wichtigste Teil der Pariser Verträge, die am 23. Oktober 1954 unterzeichnet und am 5. Mai 1955 ratifiziert wurden und damit die Bundesrepublik Deutschland zu einem souveränen Staat machten. Zu den Pariser Verträgen gehören außerdem die Aufhebung des Besatzungsstatuts und der Beitritt in den Nordatlantikpakt. Die Aufstellung der Bundeswehr als deutscher Beitrag zu den Verteidigungsanstrengungen der NATO war die Folge. Die Sowjetunion konterte sofort: Die osteuropäischen Regierungen unterzeichneten am 14. Mai 1955 den Vertrag über »Freundschaft, Zusammenarbeit und gegenseitigen Beistand«, den Warschauer Pakt.

Der Protokollchef Hans-Heinrich Herwarth von Bittenfeld, späterer Botschafter in London und danach Präsident des Deutschen Goethe-Instituts, überwacht die Zeremonie.

Politischer Neuanfang

Von 1956 bis 1963 war Franz Josef Strauß Bundesverteidigungsminister. Er trieb die Bewaffnung voran, vor allem kaufte er Jagd- und Kampfflugzeuge für die Luftwaffe. Hier beobachtet er (l.) mit Bundeskanzler Adenauer (M.) einen Absprung von Fallschirmjägern.

Zu Besuch bei den Einheiten: Strauß begleitet den Bundeskanzler im Kübelwagen.

Politischer Neuanfang

Adenauer fachsimpelt mit seinen Generälen.

Vereidigung von Luftwaffenangehörigen.

Auf einem der neuen Panzer fährt Strauß selbst ins Manöver.

Minister Strauß schreitet in der Bundeswehrakademie in Hamburg die Front der Ehrenkompanie ab.

Staatsbesuche – Deutschland ist wieder hoffähig

Nach dem Zweiten Weltkrieg lebte Deutschland zunächst in außenpolitischer Isolation. Erst mit der Errichtung einer neuen Demokratie, wie sie durch Parteigründungen, die Bildung des Parlamentarischen Rates, die ersten Bundestagswahlen 1949 und die Ernennung Konrad Adenauers zum ersten Kanzler vorangetrieben wurde, bahnte sich die junge Republik einen Weg aus der internationalen Abseitsstellung. Bereits im November 1949 hatten die Bemühungen Konrad Adenauers zum Petersberger Abkommen und damit zu politischen

Sie hielten sehr viel voneinander: der Franzose Robert Schuman und der Deutsche Konrad Adenauer.

Deutschland und Frankreich sitzen 1951 Seite an Seite am Konferenztisch im »Quai d'Orsay« in Paris: Adenauer, Blankenhorn, Monnet, Schuman.

Der Hohe Kommissar Frankreichs, André François-Poncet, führt den Kölner Konrad Adenauer durch »sein Paris«. Er geht mit ihm von der Madeleine den Boulevard Haussman hinunter zur Oper: zwei alte Herren, Arm in Arm.

Erleichterungen für die Bundesrepublik geführt: den grundsätzlichen Beschluss zur Eingliederung in die europäische Gemeinschaft, der Zustimmung zur Beteiligung an internationalen Organisationen und der Genehmigung konsularischer Beziehungen zum Ausland. Als der französische Außenminister Schuman den deutschen Bundespräsidenten und Bundeskanzler im Januar 1950 in Bonn besuchte, brach das Eis endgültig. Im Sep-

tember desselben Jahres kündigten die Außenminister auf ihrer Konferenz in New York die Unterstützung des Wunsches des deutschen Volkes nach Wiedervereinigung an, dazu die Anerkennung des alleinigen Rechts der Bundesregierung als Vertreter des deutschen Volkes für das gesamte Deutschland und die Zuerkennung des Rechts auf Errichtung diplomatischer Vertretungen. Die ersten Konsulate wurden im Ausland eingerichtet, sie wur-

den zu Generalkonsulaten und schließlich zu Botschaften.
Im April 1951 fuhr Kanzler Adenauer, der zugleich Außenminister war, zur Gründungskonferenz der Montanunion, der Europäischen Gemeinschaft für Kohle und Stahl. Diese große, dann im Juli 1952 zur Wirklichkeit werdende Idee Robert Schumans ist die erste Gemeinschaft, der staatliche Hoheitsrechte übertragen wurden.

Bundeskanzler Adenauer schreitet mit dem sowjetischen Ministerpräsidenten Nikolai Bulganin die Front der angetretenen Ehrenkompanie ab.

Am 22. November 1951 wurde Konrad Adenauer in die Außenministerkonferenz der Westmächte aufgenommen und am 3. Dezember machte er seinen ersten Staatsbesuch in Großbritannien. Am 7. April 1953 flog der deutsche Bundeskanzler erstmals zu einem Staatsakt in die USA und anschließend nach Kanada.

Am 9. Oktober wird er zum zweiten Mal Bundeskanzler und sagt in seiner Regierungserklärung: »Wenn die Sowjetregierung guten Willens ist und wirklich den Frieden will, dann können wir ihr Sicherheitsgarantien anbieten, die sie etwa noch für notwendig hält.« Am 25. Januar 1955 beendigt die Sowjetunion den Kriegszustand mit Deutschland. Am 5. Mai teilt der Bundeskanzler Bundestag und Bundesrat mit, dass mit der Hinterlegung der Ratifizierungsurkunden zum Deutschlandvertrag und zum Truppenvertrag »das Besatzungsregime beendet ist. Die Bundesrepublik Deutschland ist souverän!«. Nach dem Eintritt der Bundesrepublik in die NATO am 6. Mai 1955 fühlte sich Adenauer

stark genug, zum ersten Mal in direkte Verhandlungen mit der Sowjetunion einzutreten. Am 7. Juni kam die Einladung aus Moskau, und am 9. September trat der deutsche Bundeskanzler, der von Carlo Schmid (SPD), Karl Arnold, von Brentano, Hallstein, Kiesinger, Grewe, Blankenhorn und Globke (alle CDU-Parteimitglieder) begleitet wurde, seine Reise nach Moskau an.

Der deutschen Delegation ging es bei den Gesprächen um zwei Punkte: die Wiedervereinigung Deutschlands und die Rückführung der noch festgehaltenen Kriegsgefangenen. Die Sowjets verfolgten nur ein Ziel: die Aufnahme diplomatischer Beziehungen ohne Vorbedingungen. Beim ersten Punkt stießen die Deutschen auf den kompromisslosen Widerstand ihrer russischen Gastgeber. Bulganin begründete die russische Position damit, dass die Bundesrepublik in gewisse militärische Gruppierungen eingetreten sei und die Remilitarisierung Westdeutschlands durchgeführt werde. Doch habe die Sowjetregierung stets an-

erkannt, dass die Lösung der Frage der Wiedervereinigung Deutschlands vor allem Sache der Deutschen selbst sei, wobei es unerlässlich sei, den entstandenen realen Verhältnissen des Vorhandenseins zweier deutscher Staaten Rechnung zu tragen und dass die Lösung dieser wichtigen Aufgabe den einschlägigen internationalen Abkommen über die Sicherung des Friedens und der Sicherheit in Europa entsprechen müsse. Man könne nicht die Tatsache übersehen, dass das Fehlen normaler diplomatischer Beziehungen zwischen Westdeutschland und der Sowjetunion zusätzliche Schwierigkeiten für die Lösung des nationalen Hauptproblems des ganzen deutschen Volkes, der Wiederherstellung der Einheit eines deutschen demokratischen Staates, schaffe. Deswegen schlage die Sowjetregierung solche diplomatischen Beziehungen dringend vor.

Und Adenauer sagte, dass die Herstellung der Einheit eine Verpflichtung der vier Mächte sei, die nach dem Zusammenbruch des Nazi-Regimes die oberste Gewalt in Deutschland übernommen haben. Und wenn die vier Mächte den Weg freigemacht hätten, dann würde dem deutschen Volk die Aufgabe zufallen, in freier Selbstbestimmung und im Bewusstsein seiner Verantwortung für die Schaffung gutnachbarlicher Verhältnisse in Europa und für die Festigung des Friedens in der Welt das Haus des gesamtdeutschen Staates nach innen und außen auszustatten. Die Teilung Deutschlands sei abnorm, sie sei gegen Recht und Natur. Es gebe keine echte Sicherheit in Europa ohne die Wiederherstellung der deutschen Einheit.

Nach zähen Verhandlungen stimmt Adenauer schließlich der Aufnahme diplomatischer Beziehungen zu. Im Gegenzug ließen die Sowjets die deutschen Kriegsgefangenen frei. Aber die Sache hatte einen Haken: Mit der gegenseitigen Zusage in diesen zwei Punkten wurde die Spaltung Deutschlands in zwei souveräne Staaten als Realität anerkannt und die Teilung besiegelt. Die Wiedervereinigung war auf unabsehbare Zeit verschoben.

Konrad Adenauer bei seiner Dankadresse auf die Begrüßungsansprachen der Sowjets. Links von ihm Bulganin, rechts Globke, Protokollchef Dr. Mohr, Gromyko, Hallstein, von Brentano und Molotow.

Adenauer betet für das Gelingen seiner schwierigen Mission in Moskau in einer kleinen Kirche nahe seinem Hotel.

Am Ende der zähen Verhandlungen im Moskauer Spiridinowka-Palais geben sich Bulganin und Adenauer die Hände.

Staatsbesuche – Deutschland ist wieder hoffähig

Das Rahmenprogramm: ein Besuch des Bolschoi-Theaters in Moskau. Der Star des Balletts, die große Ulanowa, in Tschaikowskys »Romeo und Julia«.

Die deutschen Gäste, in der Ehrenloge mit Chruschtschow und Bulganin, klatschen begeistert Beifall.

Doch nicht nur Staatsbesuche im Ausland brachten die Bundesrepublik zurück auf die weltpolitische Bühne, auch auswärtige Staatsoberhäupter machten der jungen Republik ihre Aufwartung. Der erste ausländische Staatsgast in der Hauptstadt der Bundesrepublik Bonn war im November 1954 der Kaiser von Äthiopien, Haile Selassie I.

Auf dem Bahnsteig 2/3 des Bonner Bahnhofs erwarten der deutsche Protokollchef und sein Stab die Ankunft des Sonderzugs, der Kaiser Haile Selassie I. zum Staatsbesuch in die Hauptstadt Bonn bringt.

Kaiser Haile Selassie I. von Äthiopien mit seinem Gastgeber, dem deutschen Bundespräsidenten Prof. Dr. Theodor Heuss. Im Hintergrund stehen Bundeskanzler Adenauer und Professor Carlo Schmid.

Staatsbesuche – Deutschland ist wieder hoffähig

Seit Wochen schon sind die »rechte Hand« des Protokollchefs Erika Pappritz und ihre Assistentin damit beschäftigt, Sitzordnungen für Konferenzen und Festessen auszutüfteln.

Im Jahre 1954 kam die Schwester der englischen Königin, Prinzessin Margret, zu einem Besuch nach Bonn. Sie landete mit dem Hubschrauber auf den Rheinwiesen und wurde vom Britischen Hohen Kommissar Hoyer Millar und dem Bundeskanzler zum Palais Schaumburg geleitet.

Staatsbesuche – Deutschland ist wieder hoffähig

Nach dem offiziellen Besuch in der Hauptstadt Bonn beginnen Schah und Schabanu von Persien ihre Rundreise durch Deutschland in einer deutschen Lokomotive.
Der Lokführer spricht nur rheinisch – die Kaiserin übersetzt: Ihre Mutter ist Deutsche.

Im Jahre 1955 statteten der Schah von Persien, Mohammed Rezah Pahlevi, und seine Gattin Soraya Deutschland einen Besuch ab. Das Kaiserpaar wurde überall in Hamburg, Bonn, Düsseldorf und München begeistert empfangen. Als dann 1957 Bundeskanzler Adenauer, begleitet von Tochter Libeth, einen Gegenbesuch in Teheran machte, staunten die beiden über die Märchenpaläste und die sagenhaften Thronschätze der Pahlevi-Dynastie.

Beim Kaffee nach dem Diner im Privatpalast des Schahs in Teheran macht Konrad Adenauer seine Scherze.

In den Tresoren der Nationalbank besichtigen Adenauer und Tochter Libeth die Kronjuwelen der Dynastie Pahlevi sowie den Pfauenthron im alten Golestanpalast in Teheran.

Staatsbesuche – Deutschland ist wieder hoffähig

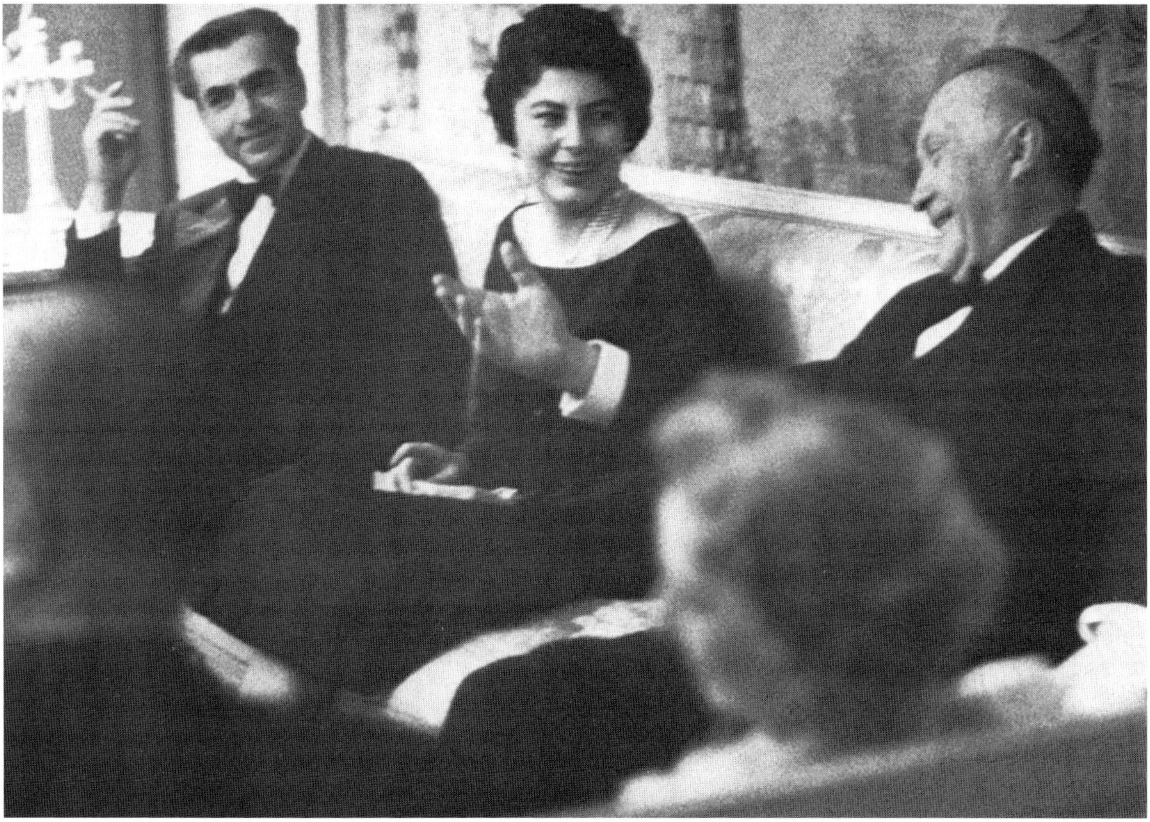

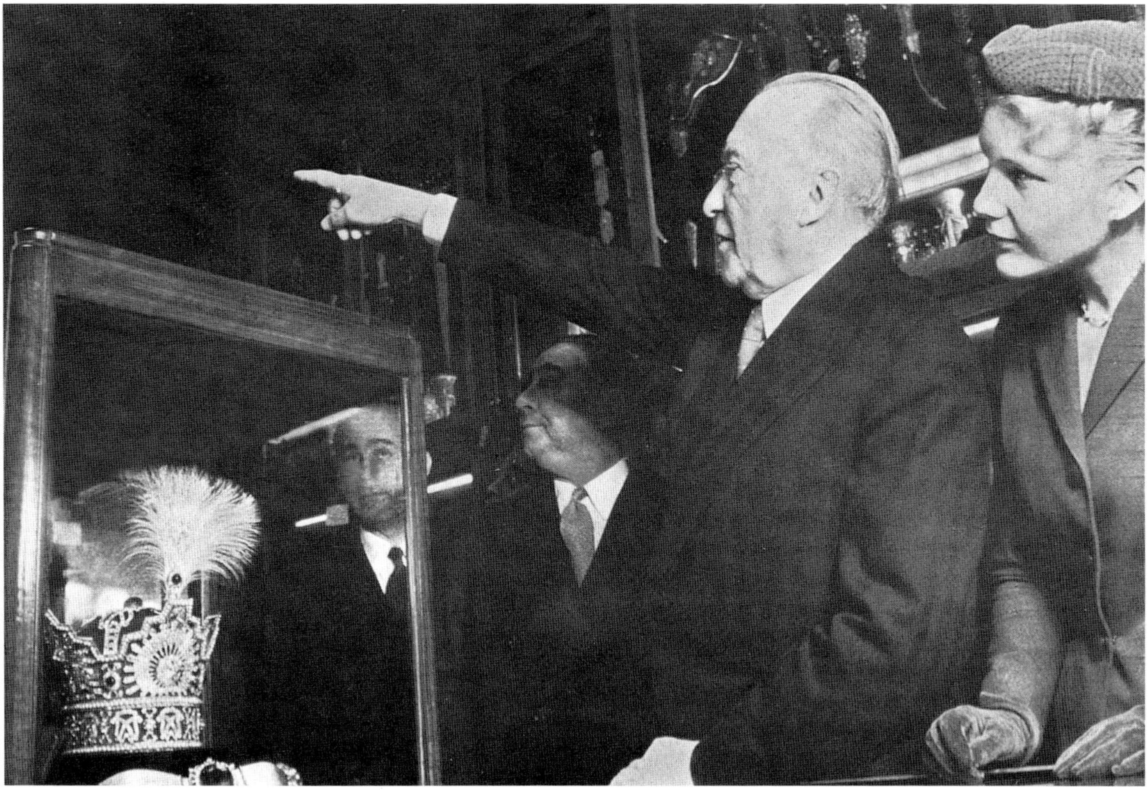

Adenauer zeigt auf der Rheindamp-
ferfahrt dem indischen Gast Nehru
sein hoch über Rhöndorf gelegenes
Haus.

Staatsbesuche – Deutschland ist wieder hoffähig

1956 bereiste der indische Ministerpräsident Jawaharlal Nehru mit seiner Tochter Indira Gandhi und deren Söhne Rajiv und Sandjay Gandhi die Bundesrepublik Deutschland. Auf der Reise traf Nehru nicht nur mit Politikern jeder Richtung zusammen, sondern auch mit deutschen Großindustriellen und Bankiers.

Nehru nutzte die Europareise für Gespräche mit Nasser und Tito. Ankunft der »großen drei Blockfreien« auf der Insel Brioni, wo sich die Sommerresidenz Titos befand.

Der Kustos des Beethovenhauses in Bonn erklärt Nehrus Tochter Indira Gandhi und deren Söhnen, welche Werke der große Komponist an diesem Hammerklavier geschaffen hat.

Als im September 1962 General de Gaulle Deutschland besucht, empfingen die Deutschen den Präsidenten der Französischen Republik jubelnd.

»Großer Bahnhof« für General de Gaulle auf dem Flughafen Köln/Bonn.

De Gaulle grüßt die Fahnen in der Hamburger Führungsakademie.

Adenauer mit de Gaulle und dessen Sohn auf der Terrasse des Palais Schaumburg.

De Gaulle tritt mit Adenauer und dem Kölner Oberbürgermeister Burauen vor die Kölner Bevölkerung.

Ein ganz besonderer Besuch stand für den deutschen Bundeskanzler jedoch im April 1961 an. Er flog in die Vereinigten Staaten von Amerika, um den neuen jungen amerikanischen Präsidenten in Washington näher kennenzulernen und mit ihm Gespräche über Berlin, die NATO und über die Notwendigkeit starker Entwicklungshilfe zu führen. Kennedy hatte nach seiner Wahl zum Präsidenten in einem Telegramm Konrad Adenauer einen »unbezwingbaren Führer der freien Welt« genannt und sich auf die Zusammenarbeit in den nächsten Jahren gefreut. Adenauer war zu diesem Zeitpunkt schon 85 Jahre alt. Kennedy wurde zweieinhalb Jahre später in Dallas ermordet.

Im »Oval Office« schüttelt Präsident John F. Kennedy seinem greisen Besucher, dem Kanzler der jungen Bundesrepublik, herzlich die Hand.

Die Präsidentengattin Jackie Kennedy geleitet ihre Gäste Libeth Adenauer-Werhahn und den früheren US-Vizepräsidenten Adlai Stevenson zum Dinner ins Weiße Haus.

Staatsbesuche – Deutschland ist wieder hoffähig

Präsident Kennedy verabschiedet sich von Adenauer
und seiner Delegation am Eingang des Weißen Hauses
(v.l.: von Brentano, Pauls, Chefdolmetscher Weber, Grewe).

Nach dem Staatsbesuch in Washington folgten fröhliche Tage in Texas bei Vizepräsident Lyndon B. Johnson, der Adenauer zu Beginn des Barbecues im Garten seiner Ranch einen Cowboy-Hut aufsetzte.

Begrüßung auf dem Balkon der Ranch.

Bundeskanzler und Vizepräsident Johnson – dazwischen Frau Lady Bird Johnson – bedanken sich beim Dirigenten des Mädchenchores für die Lieder in deutscher Sprache.

Staatsbesuche – Deutschland ist wieder hoffähig

Konrad Adenauer – selten privat

In sein Privatleben ließ sich Konrad Adenauer nur sehr selten schauen. Der alte Herr wohnte mit seinem Sohn Paul, dem Geistlichen, in Röhndorf, betreut von seiner Haushälterin Resi Schlief. Doch oft kam ein Mitglied der großen Familie zu Besuch, vor allem seine jüngste Tochter Libeth. Sie, ihre Schwestern Ria oder Lotte begleiteten den Vater abwechselnd auf seinen Urlaubs- und Dienstreisen als Betreuerin.

Vergnügt den Spazierstock schwingend, wandert Konrad Adenauer mit seiner Tochter Libeth 1955 durch den leicht verschneiten Schwarzwald in der Nähe seines Urlaubshotels »Bühlerhöhe«.

Schwiegersohn Werhahn fotografiert seine Frau mit dem Kanzler.

Sicherheitsbeamte gehen den prominenten Spaziergängern in gebührendem Abstand mit ihren Hunden voraus.

Konrad Adenauer – selten privat

Unser Leben mit Vater

von Libeth Werhahn

Wenn ich an meinen Vater zurückdenke, sehe ich ihn nach einem langen Arbeitstag müde den Weg zu unserem Elternhaus in Rhöndorf hinaufsteigen. Die Gedanken finden keine Ruhe, seine Haltung ist aufrecht, doch ich ahne die Last, die auf seinen Schultern ruht. Nach all den Anspannungen des Tages verstehe ich sein Bedürfnis nach Ruhe. Er freut sich, dass ich da bin, und ich spüre, wie es sich langsam in ihm löst, wenn er in »seiner Sofaecke« sitzt, vor ihm sein geliebter abendlicher Pfefferminztee. Dann hört Vater am liebsten Schubert- und Haydn-Lieder. Allmählich ordnen sich seine Gedanken, und er beginnt zu erzählen.

Die Sonntagnachmittags-Besuche in Rhöndorf verliefen meist nach bestimmten Regeln. Meine Schwestern Ria, Lotte und ich, auch wohl die Brüder, wechselten uns mit den Besuchen ab. Wir tranken zusammen Tee, Vater fragte nach Neuigkeiten aus der Familie. Unseren Problemen hörte er gerne zu. Er erteilte Rat und gab uns ermunternde Hilfen.

Bei schlechtem Wetter spielte Konrad Adenauer mit seiner Tochter gerne Schach oder las Kriminalromane.

Sonntags auf dem Weg zur Kirche »auf dem Plättig«.

Auf einem Flug über die Polar-Route wollte der Kanzler unbedingt wissen, wie es auf dem Nordpol aussehe. Der Flugkapitän machte einen Umweg. Zu Adenauers Überraschung war der Nordpol nichts anderes als ein weißer Fleck in der unendlichen Schneefläche: »Dat war 'n bittere Enttäuschung!«, sagte er zu seiner Tochter.

Doch bald ging das Gespräch in politische Bahnen über. Die Ereignisse der vergangenen Woche standen im Vordergrund. Sie wurden lebhaft pro und contra diskutiert, und sein Zeigefinger ging auf und ab. Hatten wir das Gefühl, dass er sich zu sehr erregte, wurde eine Partie Boccia vorgeschlagen. Dies ist ein ausgezeichnetes Spiel, um sich an der frischen Luft Bewegung zu machen und sich zu entspannen. War er bei guter Stimmung, dann war er auch ein guter Verlierer. Waren die Nerven aber arg strapaziert, dann konnte ein gewonnenes Boccia-Spiel ihn wieder aufmuntern.

Anfang der 50er-Jahre verbrachte Vater gerne seine Ferien auf der »Bühlerhöhe«: ein altes, am Rande des Schwarzwaldes gelegenes, renommiertes Hotel. Die Abgeschiedenheit, der Fernblick, weit ins

Rheintal hinab, die wundervollen, langen, einsamen Waldspaziergänge taten ihm unendlich gut. Unser gemütliches Wohnzimmer war Teil eines Turmes, der von Herbst- und Frühjahrsstürmen umrauscht wurde. Hier genossen wir gemütliche Lesestunden.

Vater versuchte vergeblich, mich im Schachspiel zu unterrichten. In die Ferienzeit 1954 auf der »Bühlerhöhe« kam die Nachricht von der Ablehnung des Pariser Vertrages durch die Französische Nationalversammlung. Diese Entscheidung war für Vater niederschmetternd. Sie war das vorläufige Ende der Europäischen Verteidigungsgemeinschaft. Besucher kamen und gingen – es war eine unruhige Ferienzeit voller Enttäuschungen. Trotzdem hatte Vater bald wieder neue Pläne, Deutschland seinen Status in der Völkergemeinschaft der Europäer

zurückzuerobern. Auch damals fühlte ich mich ihm in seinen Sorgen sehr verbunden.

Auf vielen Flügen begleitete ich meinen Vater. Schon auf dem Flugplatz erfasste ihn eine Heiterkeit und eine Vorfreude, die ich nicht zu deuten wusste. War es die Lust am Fliegen, die Neugierde auf kommende Staatsbesuche, oder war es einfach das Gefühl, für einige Stunden nicht erreichbar zu sein? Mit Vorliebe ging er beim Start oder bei der Landung in den Cockpit. Dort beobachtete er die verantwortungsvolle Tätigkeit der Piloten – es imponierte ihm die Technik und ihre Handhabung.

In späteren Jahren verbrachte Vater seine Ferien in Cadenabbia am Comer See. Ria, Lotte und ich wechselten uns gerne ab, ihn zu begleiten. Es waren herzliche, fröhliche Wochen. Doch leider war

Cadenabbia selbst durch Fernschreiber und Telefon immer noch zu erreichen, sodass schlechte Nachrichten auch dort den Weg zu ihm fanden. Unbeschwerte Stunden waren ein Geschenk. Wir wanderten durch kleine Täler, pflückten Schlüsselblumen und Christrosen, ließen uns unter blühenden Bäumen nieder: Der Blick schweifte hinab über den See nach Bellagio. Vater liebte die schneebedeckten Berge in der Ferne. Nachdenklich konnte er sein, oder aber auch von Herzen fröhlich. Viele seiner politischen Freunde kamen gern nach Cadenabbia. Sie erlebten einen anderen, einen entspannten Bundeskanzler, der nach ernsten Gesprächen eine temperamentvolle Partie Boccia und später ein gutes Glas Wein liebte. So lockerte sich manche steife Atmosphäre.

Sonntagmorgen nach der Messe in der Kirche von Cadenabbia am Comer See: Einheimische, Touristen, Kameramänner und Sicherheitsbeamte umringen Adenauer, der einige Autogramme gibt.

Spaziergang zum Ufer des Comer
Sees.

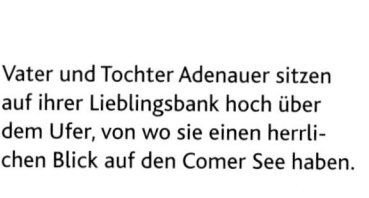

Vater und Tochter Adenauer sitzen
auf ihrer Lieblingsbank hoch über
dem Ufer, von wo sie einen herrlichen Blick auf den Comer See haben.

1959 vor der Villa Collina in Cadenabbia. Pressefotografen liegen auf der Lauer.

Adenauer und seine Tochter Libeth vor dem Feriendomizil.

Nach Adenauers Tod kamen Hütchen und Bocciakugeln unter eine Glasvitrine ins Museum der Konrad-Adenauer-Stiftung in Rhöndorf, das von Anneliese Poppinga, seiner letzten Sekretärin, eingerichtet wurde.

Immer wird gesagt, dass mein Vater ein Rosenzüchter gewesen sei. Das entspricht aber nicht der Wahrheit. Er pflanzte nur gerne neue, schön duftende und haltbare Sorten Rosen, vor allem Hochstammrosen, und war ein wirklicher Rosenkenner. Empfing er in Rhöndorf persönliche Gäste, so wurde natürlich immer ein Gang durch den Garten gemacht. Mit einer kleinen Rosenschere bewaffnet, erfreute er den Besucher durch ein besonders schönes Exemplar.

Die Geburtstage meines Vaters waren für uns alle ein ganz besonderes jährliches Erlebnis: Die Heilige Messe feierten wir gemeinsam im St.-Elisabeth-Krankenhaus in Bonn, hinterher stürzte sich die Enkelschar noch während der rührend-feierlichen Glückwunschansprache der Ordensschwestern auf Salzstangen und Gebäck. Die Musikständchen der verschiedenen Orchester der Bundeswehr oder der Männergesangvereine überbo-

Das ereignisreiche Jahr 1955 begann am 5. Januar mit der Feier des 79. Geburtstags in Bonn. Zuerst hörte der Jubilar dem Musikkorps zu, das ihm im Garten des Palais Schaumburg ein Ständchen brachte.

ten sich in ihren Darbietungen. Ich erinnere mich an Schlangen von Gratulanten. Jeder wurde mit einem guten Wort, mit einem Scherz begrüßt. Vater stand und stand, Stunde um Stunde. Längst schon hatten die Enkel ihre Scheu verloren und versteckten sich zwischen den schwarzgestreiften Hosenbeinen, spielten Nachlaufen und sanken bald erschöpft in die Sessel. Vater aber war unermüdlich. Ich erinnere mich an ein herrliches Feuerwerk, das wir vom Balkon des Rektoratszimmers der Bonner Universität aus im Hofgarten miterlebten. An seinem Geburtstag wurde in Bonn nicht regiert, es wurde gefeiert.

![Gegen Mittag begann der Gratulationsreigen mit Kardinal Frings]

Gegen Mittag begann der Gratulationsreigen mit Kardinal Frings. Im Hintergrund stehen Adenauers Söhne Konrad, Georg und Max.

Unter den vielen Geburtstagsge-schenken waren auch Milch und But-ter »frisch aus deutschen Landen«.

Das Buch über die Dummheit gefiel Adenauer besonders gut. »Beziehungs-reich!«, sagte er dazu.

Achtzig Kerzen brannten zur Feier des Tages.

Gemeinsames Frühstück anlässlich des 80. Geburtstags mit den Söhnen Paul und Georg sowie dessen schwedische Frau Ulla-Britta.

Der 80. Geburtstag (1956) war ein ganz außergewöhnliches Ereignis. Seine Haushälterin, Frau Noelle, überraschte ihn am Frühstückstisch mit einer selbstgemachten Torte, auf der ihm 80 brennende Kerzen entgegenleuchteten. Bald aber musste er schon von Rhöndorf nach Bonn aufbrechen. Es erwartete ihn die Schar der Gratulanten. Dem strengen Zeremoniell unterzog er sich mit bewundernswerter Gelassenheit. Das Kabinett marschierte auf, die Ministerpräsidenten und andere wichtige Persönlichkeiten – aus Bayern wurde ihm zu Ehren ein junger Löwe mitgebracht. Dieser bayerische Löwe musste dann wenig später sein Leben in einem rheinischen Zoo verbringen, armer Löwe! Zwischendurch erfreuten das Geburtstagskind Ständchen verschiedener Chöre, Gedichte und Lieder seiner Enkel, und nicht zuletzt Ansprachen über Ansprachen zahlreicher Persönlichkeiten. Ein langer Tag, der seinen Abschluss in einem festlichen Empfang fand. Wenn ich selber müde nach Hause zurückkehrte, konnte ich kaum be-

Der Geleitpolizist vom Dienst gratulierte dem Kanzler noch auf dem Weg zum Auto.

greifen, wie Vater einen solchen Tag aushielt. All die vielen Stunden, die unzähligen Menschen, und für jeden von ihnen hatte er ein persönliches Wort.

Seine Familie – 4 Söhne, 3 Töchter 3 Schwiegertöchter, 3 Schwiegersöhne, 24 Enkel – war oft anstrengend. Doch er genoss jeden der Anlässe, die uns alle in Rhöndorf

zusammenführten. Er war unser Mittelpunkt bei dem jährlichen Weihnachtsfest an der Krippe ebenso wie bei dem traditionellen Kirschenessen in unserem Garten. Immer war er für uns alle, ob groß oder klein, ein ernster Gesprächspartner, ein geduldiger Zuhörer und für seine Enkel ein Großvater, der zu manchen Späßen aufgelegt war.

Konrad Adenauer in seinem »Adenauer«, dem 300er Mercedes, im Fond sitzend auf der Fähre über den Rhein nach Bonn, wo ihn zahlreiche Gratulanten erwarteten.

Ankunft des Geburtstagskindes im Palais Schaumburg.

Adenauer wird von seiner Familie empfangen: Vier Söhne und drei Schwiegertöchter, drei Töchter mit ihren Männern und 18 Enkel gratulierten dem 80-jährigen Oberhaupt der Großfamilie.

Wiederaufbau

Das böse Wort vom Hühnerfutter war gefallen, das dem amerikanischen General Lucius Clay gar nicht gefiel, aber der deutschen Bevölkerung aus der Seele sprach: »Was hat man für uns getan? Man hat uns Mais geschickt und Hühnerfutter, und wir zahlen das teuer. Bezahlen es in Dollars aus deutscher Arbeit und deutschen Exporten!« Der CDU-Abgeordnete Professor Johannes Semler hatte diese harten Worte im Januar 1948 als Wirtschaftsdirektor der sogenannten Bizone (im November 1947 aus der britischen und der amerikanischen Zone gebildet) gesagt und war prompt von Clay entlassen worden. Am 2. März 1948 hörte der parteilose Wirtschaftsprofessor Ludwig Erhard am Radio in seinem Frankfurter Hotel, dass er Semlers Nachfolger geworden war. Ludwig Erhard, am 4. Februar 1897 als Sohn eines Fürther Textilkaufmanns geboren, wurde 1918 im Ersten Weltkrieg schwer verwundet, weshalb er zeitlebens gehbehindert war. Er wurde 1924 Doktor der Volkswirtschaft und leitete 1942 sein eigenes Marktforschungsinstitut in Nürnberg. Vom Herbst 1945 bis Dezember 1946 bekleidete er das Amt des Bayerischen Wirtschaftsministers, dann wurde er Universitätsprofessor in München. Als glühender Verfech-

ter der sozialen Marktwirtschaft kam Erhard den Intentionen der Amerikaner sehr entgegen. Er war nun einer der wichtigsten Männer Nachkriegsdeutschlands: Direktor

für Wirtschaft im »Wirtschaftsrat«, der im Juni 1947 aus Abgeordneten der vorher schon gewählten Parlamente der acht Länder der Bizone gebildet worden war.

Ludwig Erhard aus Fürth wurde im ersten Kabinett Adenauer Bundeswirtschaftsminister. Seine genialen Ideen brachten die Wirtschaft Westdeutschlands wieder auf die Beine. Er wurde zum »Vater des Wirtschaftswunders«.

51

Am 20. Juni 1948 verkündete Erhard über den Rundfunk die Währungsreform und die Einführung der Deutschen Mark. Er hatte das bürokratiebefreite Wochenende, an dem jeder Deutsche seine neuen 40 DM erhielt, zugleich dazu benützt, die Abschaffung der Lebensmittelmarken und Bezugsscheine zu proklamieren. Darüber war General Clay erbost und bestellte Erhard zum Rapport: »Wie können Sie es wagen, meine Direktiven abzuändern?« »Ich habe sie nicht abgeändert, ich habe sie außer Kraft gesetzt!«, gab Erhard zur Antwort. Der hagere Clay war fassungslos: »In Deutschland wird so wenig produziert, dass jeder Bürger nur alle fünf Jahre ein Paar Schuhe und nur alle fünfzig Jahre einen Anzug bekommt. Und Sie wollen die Zwangswirtschaft beenden?« Darauf Erhard: »Die deutsche Wirtschaft wird bald wieder genug für alle produzieren, wenn man ihr endlich wieder die Freiheit gibt!« Und es blieb bei Erhards Beschluss. Von nun an waren die Weichen auf Wohlstand gestellt. Der deutsche Wirtschaftsaufschwung, von aller Welt als »Wunder« bestaunt, begann – ein Ereignis, das sich tief in die kollektive Erinnerung der jungen Nation eingraben sollte. Denn das Wunder kam einer Erlösung aus dem Elend gleich. Die Koppelung von harter Währung und radikalem Freihandel, so Heinrich Jaenecke, führte einen Dammbruch herbei: »Sie ließ die aufgestaute Energie von 50 Millionen hungriger Deutscher los, die nur noch ein Ziel kannten – aufbauen und leben.« Die Ahnung, dass genug Waren gehortet waren, hatte Ludwig Erhard nicht getäuscht. Kaum hatten die Bürger ihr neues Geld, schon waren die Schaufenster wieder voller Ware. Und bald wurden auch wieder Konsumgüter im großen Stil produziert und verkauft. Die deutschen Automobilfabriken, die Schwerindustrie, kamen auf Touren und exportierten wieder. Das neue deutsche Geld zirkulierte und vermehrte sich rasch. Bereits 1955 herrschte im Nachkriegsdeutschland Vollbeschäftigung.

Schon 1946 hatten kleine Betriebe die Arbeit aufgenommen: In Garmisch entstand ein Keramik-werk, in Offenbach fertigte man Einkaufstaschen, im Württem-bergischen produzierte man hoff-nungsfroh Skier.

Anfang 1949. Ludwig Erhard, der spätere Bundeswirtschaftsminister, wohnt der Tagung des Wirtschafts-rats der Bizone bei. Neben ihm sitzen Hermann Pünder (l.) und die Exper-ten Frohne und Hartmann.

Im Anfang war die Währungsreform

Dass Westdeutschland nach diesem fürchterlichen Weltkrieg 1939–1945 wieder wie ein Phönix aus der Asche stieg, dafür gibt es viele Gründe: Einer ist der Marshallplan, den die Amerikaner nach einem Vorschlag des US-Außenministers, General George C. Marshall, aufstellten. 16 europäische Länder, darunter Deutschland, sollten so viel Geld und Hilfe erhalten, dass sie ihre eigene Wirtschaft aufbauen konnten – als Wall gegen den kommunistischen Einfluss. Bis 1952 pumpten die Vereinigten Staaten rund 14 Milliarden Dollar, eine wahrhaft riesige Summe, nach Europa. Die Kapitalhilfe aus den USA ließ Deutschland zu einer neuen, mächtigen Industrienation

werden. Der zweite Grund für das »deutsche Wunder« war die Währungsreform, an der neben dem deutschen Professor Ludwig Erhard der amerikanische Wirtschaftsoffizier Edward Tenenbaum maßgeblich beteiligt war. Schon 1947 hatten die Amerikaner in den USA die Notenpressen für die Deutschen laufen lassen, und am 25. November trafen in Bremerhaven die ersten 192 Tonnen der neuen Deutschen Mark ein und wurden versteckt. Bis zum 21. Juni 1948, dem Tag, an dem jeder Deutsche 40 Deutsche Mark, und zwei Monate später noch einmal 20 Mark als »Kopfgeld« erhalten sollte, wuchs das Finanzvolumen der Wirtschaftshilfe auf drei Milliarden Deutsche Mark an.

Nur zwei Telefone mussten für die Wiedereröffnung der Frankfurter Börse genügen.

Währungsreform: Auszahlung der ersten 40 Deutsche Mark.

Was die Trümmerfrauen noch an brauchbaren Ziegelsteinen aus den Schuttbergen in den zerstörten Städten ausgraben konnten, wurde auf den gefegten Straßen aufgeschichtet und gut bewacht.

Der dritte Grund für den Wiederaufschwung der deutschen Wirtschaft sei aber, wie es Bundespräsident Theodor Heuss bei der Eröffnung der Frankfurter Messe 1953 formulierte, »das Produkt der Arbeitsamkeit und des Geschickes deutscher Arbeiter, des Spürsinns und der Initiative deutscher Kaufleute«.

Deutschland lag in Schutt und Asche. Ein Drittel des Volksvermögens von 1936 war vernichtet. Nahezu alle großen Städte waren zerstört. Die Wohnungsnot war unvorstellbar. Die Bagger rissen die stehengebliebenen Häuser ein. Die Trümmerfrauen sammelten das, was noch zu gebrauchen war, vor

allem Backsteine. Vom Morgengrauen bis zur Dämmerung, bei praller Sonne und strömendem Regen. Aus dem Material der Trümmerfrauen bauten die Männer, oft mit Hilfe der Kinder, kleine Häuser zum Wohnen, neue Geschäftsräume, Wirtschaften oder Kramerläden, Werkstätten und winzige Fabriken – irgendeine Behausung für Menschen oder für die Herstellung von Dingen des tägli-

chen Lebens, mit denen man Geld verdienen konnte. Stadträte und Bürgermeister begannen, Rathäuser oder historische Stätten, die an frühere große Zeiten erinnerten, wieder aufzubauen. So war die Paulskirche in Frankfurt am Main schon im Sommer 1948 wieder ganz hergestellt, und der Neubau des »Römer« wurde 1952 vollendet.

Von den zerstörten historischen Bauten Frankfurts stand schon 1948 die Paulskirche (r.) wie früher da, und 1952 war auch der Aufbau des »Römers« vollendet (M.).

Wiederaufbau der zerstörten Gastwirtschaft »Luisenhof« in Schwabing: Der Bieraufzug war nach dem Fliegerangriff auf München 1944 als einziges Stück im Keller unversehrt erhalten geblieben.

In einem riesigen Trümmerfeld baut der Wirt an seiner neuen Existenz.

Die altrenommierte Gastwirtschaft erwacht wieder zu neuem Leben.

Der Wirt hebt das erste Bierfass vom Fahrstuhl.

Nach 1945 wurden Unterkünfte für Ausgebombte und für Flüchtlinge am dringendsten benötigt.

Im Krieg baute er Flugzeuge, nach dem Krieg Wohnungen: Professor Willy Messerschmitt.

Das erste Wohnungsbaugesetz vom April 1950 förderte durch staatliche Finanzierung 1,8 Millionen billige Wohnungen für sechs Millionen Deutsche. Der Mietpreis sollte nicht mehr als 1,40 DM pro Quadratmeter betragen. Für den sozialen Wohnungsbau, einer gemeinsamen Aufgabe des Bundes, der Länder und Gemeinden, stellten die Vereinigten Staaten 14 Milliarden Mark zur Verfügung. Der Bestand an Wohnungen im September 1950 betrug über zehn Millionen Einheiten. In den Jahren 1949/50 wurden in der Bundesrepublik fast 600 000 Wohnungen fertiggestellt, darunter über 400 000 im Rahmen des öffentlich geförderten Wohnungsbaus.

Einen wahren Boom erlebte die Fertigbauweise. Gut isolierte Wandteile wurden im Werk vorgefertigt, dann zur Baustelle gefahren und zu einem attraktiven Wohnhaus binnen 36 Stunden (im Rohbau) zusammengefügt.

In Frankfurt wurde 1949 das Hochhaus des Telegrafenamtes gebaut. Es war das zweite nach dem der AEG. Bis zu einer Höhe von 166 Metern (Dresdner Bank) sollten in der Finanzhochburg Frankfurt am Main die Hochhäuser noch wachsen.

Auch der weitere Ausbau der Autobahnen hatte begonnen, die – abgesehen von den Brücken – nicht beschädigt waren. 1945 zählte man 1439 Brücken über fünf Meter Länge, die zerstört waren. Über 1000 waren 1953 wieder instand gesetzt. Für den Bau der Betondecken gab es ab 1953 eine wichtige Neuerung: Nur eine einzige Maschine verrichtete die Arbeit, für die früher viele kräftige Hände vonnöten waren. Jeden Tag wuchs jetzt das breite Betonband um 250 Meter.

Mithilfe der Flüchtlinge

Zwanzig Milliarden Dollar als Reparationen für die von den Deutschen angerichteten Kriegsschäden hatten die Sieger vorgesehen. Diese sollten vor allem durch die Demontage der noch erhaltenen deutschen Industrieanlagen aufgebracht werden. Doch wollten weder die Fabrikbesitzer noch die Arbeiter die alliierte Demontage-Politik hinnehmen. Den ohnmächtigen Zorn der Bevölkerung zogen sich vor allem die Engländer zu, die noch bis März 1950 modernste Anlagen der Eisen- und Stahlindustrie im Ruhrgebiet abreißen oder vernichten ließen. Oftmals mussten deutsche Abbruchunternehmer und deren Arbeiter von deutscher Polizei gegen die Wut der Demonstranten geschützt werden. In der sowjetisch besetzten Zone wurden Schiffswerften, elektrische und optische Fabriken sowie Rüstungsproduktionsanlagen von den Russen vollständig bis zur letzten Schraube abgebaut, verpackt und in die Sowjetunion transportiert. Man schätzte, dass sich der von den Alliierten festgesetzte russische Reparationsanteil von zehn Milliarden Dollar letztlich auf über 65 Milliarden Mark belief.

Eine große Herausforderung für die deutsche Bevölkerung lag in der friedlichen Eingliederung der mehr als elf Millionen aus den Ostgebieten vertriebenen Deutschen. Täglich strömten vier- bis fünftausend Vertriebene in das vom Chaos bedrohte Restdeutschland. Doch ohne die Menschen aus den Ostgebieten, ohne ihr Arbeitskraft, ihren Fleiß und ihr Fachwissen wären der Wiederaufbau und das Wirtschaftswunder kaum möglich gewesen.

Flüchtlingsfamilien bewirtschaften auf dem Land ihre Gemüsegärten.

In den Städten sammelten die Flüchtlinge Baumaterial für ihre Notwohnungen.

Sehnsuchtsvolle Blicke von Flüchtlingskindern angesichts der Spielsachen im weihnachtlichen Schaufenster.

1963 legte Pfarrer Monsignore Wilhelm Scheperjans vom Auffanglager Friedland den Grundstein zum Bau des ersten Flüchtlingsdorfes Neu-Bösekendorf.

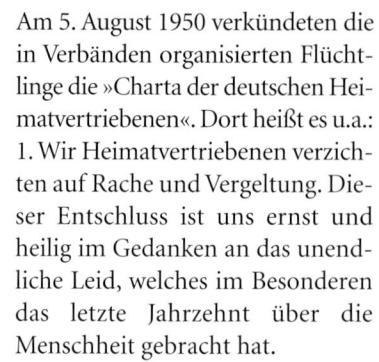

Am 5. August 1950 verkündeten die in Verbänden organisierten Flüchtlinge die »Charta der deutschen Heimatvertriebenen«. Dort heißt es u.a.:

1. Wir Heimatvertriebenen verzichten auf Rache und Vergeltung. Dieser Entschluss ist uns ernst und heilig im Gedanken an das unendliche Leid, welches im Besonderen das letzte Jahrzehnt über die Menschheit gebracht hat.

2. Wir werden jedes Beginnen mit allen Kräften unterstützen, das auf die Schaffung eines geeinten Europas gerichtet ist, in dem die Völker ohne Furcht und Zwang leben können.

3. Wir werden durch harte, unermüdliche Arbeit teilnehmen am Wiederaufbau Deutschlands und Europas. Wir haben unsere Heimat verloren. (…) Den Menschen mit Zwang von seiner Heimat trennen, bedeutet, ihn im Geist töten. Wir haben dieses Schicksal erlitten und erlebt. Daher fühlen wir uns berufen zu verlangen, dass das Recht auf die Heimat als eines der von Gott geschenkten Grundrechte der Menschheit anerkannt und verwirklicht wird.

Eine Flüchtlingsfamilie gründet eine Textilfabrik: Der Sohn entwirft die Kleider, die Töchter spinnen die Fäden, Mutter und Schwiegertochter weben den Stoff auf dem selbstgebauten Webstuhl.

Aus Granatenhülsen fertigten Vertriebene Kochgeschirr.

Aus Gasgranaten gewannen sie Eisen für Werkzeuge.

Der gute Stern auf allen Straßen

Der Mercedes-Stern ziert die Autos fast aller Leute, die Macht und Vermögen auf dieser Welt haben.

Gottlieb Daimler ließ sich 1883 einen schnell laufenden Verbrennungsmotor patentieren, und Carl Friedrich Benz führte 1886 sein erstes, von einem Einzylinder-Viertakt-Benzinmotor angetriebenes Automobil vor. Die Daimler-Motoren-Gesellschaft in Stuttgart-Untertürkheim und die Mannheimer Firma Benz & Cie. schlossen sich 1926 zur Daimler-Benz AG zusammen, die schon lange vor dem Zweiten Weltkrieg ihre Personen- und Lastkraftwagen mit dem Stern auf den Kühlerhauben zu weltweiter Geltung brachten.

Das im Zweiten Weltkrieg zu 70 % zerstörte Werk in Untertürkheim wurde ab 1948 wieder aufgebaut. Anschließend nahm es seine weit im Voraus schon verkaufte Produktion erneut auf.

Bundeskanzler Adenauer fuhr im Mercedes 300, der auch »Der Adenauer« genannt wurde.

15 Jahre nach dem letzten Rennen vor dem Krieg gingen in Reims anlässlich des »Großen Preises von Frankreich 1954« die Mercedes-Silberpfeile wieder an den Start – und siegten.

Rennleiter Neubauer signalisiert Karl Kling, dass Manuel Fangio dicht folgt und Prinz Bira (Maserati) eine Minute und 40 Sekunden Rückstand hat.

Frau Fangio beglückwünscht ihren Mann, den Sieger des Rennens.

Aus Schutt und Asche wieder auferstanden

Alfried Krupp von Bohlen und Halbach, von 1943 bis 1967 Chef der riesigen Firma Krupp, in seinem Bungalow am Rande des Ruhrtals.

Zu Marketingzwecken hat man nahtlose Radreifen zu dem Markenzeichen der »Drei Ringe« übereinander gelegt.

Vorkriegsdeutschlands berühmtestes und mit 115 000 Beschäftigten größtes Unternehmen, Fried. Krupp in Essen, war 1945 total zerstört: Die Fabriken waren durch Luftangriffe zerbombt, der Rest von den Siegermächten demontiert. Der Alleininhaber der Firma

seit 1943, Alfried Krupp von Bohlen und Halbach, war 1945 verhaftet und am 31. Juli 1948 »wegen Plünderung und Förderung von Sklavenarbeit« zu zwölf Jahren Haft im Kriegsverbrechergefängnis Landsberg verurteilt worden. Sein Vermögen wurde beschlagnahmt. Das war das Ende der »Deutschen Waffenschmiede«. Im Januar 1951 aber verfügte der amerikanische Hochkommissar John McCloy seine Entlassung, auch sein Vermögen wurde wieder freigegeben. Alfried Krupp fand sodann in Berthold Beitz den Mann, unter dem die Firma einen neuen und glänzenden Aufstieg nahm. Dieser knüpfte in der ganzen Welt neue Kontakte und Geschäftsbeziehungen. Das Ansehen der Firma, die ihre Fabrikationen auf zivile Produkte – Fahrzeuge aller Art und komplette Stahlwerke – umgestellt hatte, wuchs rapide.

Alfried Krupp von Bohlen und Halbach fährt in seinem BMW mit dem bedeutungsvollen Kennzeichen E-RZ 1 in seine Werke.

Der Generalbevollmächtigte Berthold Beitz bespricht sich mit dem Konzernchef.

Alfried Krupp im Gespräch mit zweien seiner vielen tausend Lehrlinge.

Der Firmenchef besichtigt das Erhitzen nahtloser Radreifen in einer neuen Vorrichtung.

30.7.1967. Vor der Villa Hügel sind die Krupp-Fahnen auf Halbmast gesetzt, der Chef ist gestorben.

Wiederaufbau

Die Flugzeugbauer Claudius Dornier
und sein Sohn Claude auf dem
Werksflugplatz Unterpfaffenhofen.

Der Stahlindustrielle Otto Wolff von Amerongen macht auf der »Konferenz für Internationale Entwicklung 1957« in San Francisco den deutschen Großbankier Hermann Abs mit dem französischen Stahlmagnaten Charles Schneider-Creuzot bekannt. Die anderen Industriellen (v.l.): der Italiener Adriano Olivetti, der Inder M. W. Masani von Tatra und der deutsche Werftbesitzer Willy H. Schlieker.

Wiederaufbau

Ernst Albrecht von Siemens in der Münchener Konzerndirektion vor dem Gemälde seines Vaters Karl Friedrich von Siemens.

Firmenchef Hans-Otto Steiff, Herr der Plüschtiere, an seinem Schreibtisch in Heidenheim.

Max Grundig in der Produktions-
straße für Fernseher in einem seiner
Werke in Fürth 1966.

Weltmeister aller Autos – der VW-Käfer

Am 12. Februar 1972 wurde die magische Zahl 15 007 033 – sooft war Henry Fords Modell T, die »Tin-Lizzy«, von 1908 bis 1927 in den USA gebaut worden – überschritten. Damit wurde der VW-Käfer weltweit zum meistverkauften Fahrzeug in der Geschichte der Automobilproduktion. Bis Anfang der 1980er-Jahre wurden mehr als 40 Millionen Autos mit dem VW-Zeichen gebaut – mehr als die Hälfte davon

Professor Heinrich Nordhoff, der Generaldirektor des Volkswagenwerks in Wolfsburg, auf dem Dach des 15-stöckigen Verwaltungsgebäudes, das von einem riesigen VW-Zeichen überragt wird. Unter seiner Führung trat der VW-Käfer seinen weltweiten Siegeszug an.

Seit 1959 wurden im Werk der VW-do-Brazil bei São Paulo der Käfer und seine Nachfolgemodelle produziert.

Eine brasilianische Schweißerin
bei VW-do-Brazil.

Schichtwechsel im VW-Werk bei São Paulo.

waren »Käfer«. Die Idee zu einem kostengünstigen Auto für das Volk verdankten die Deutschen zunächst dem BMW-Generaldirektor Franz Josef Popp, der schon 1925 einen »Volkswagen« gefordert hatte, der nicht mehr als 1000 Dollar kosten dürfe. Adolf Hitler nahm diesen Gedanken später als Reichskanzler auf und forderte von der deutschen Autoindustrie, sie solle einen günstigen Volkswagen bauen. Ferdinand Porsche konstruierte daraufhin den luftgekühlten VW-Käfer. 1936 begannen die Testfahrten und 1938 erreichte der Ur-Käfer mit 24 PS eine Geschwindigkeit von 105 km/h. Im Volkswagenwerk bei Hannover sollte das

Und der Himmel hängt voller Käfer. Eine Arbeiterin im VW-Werk Wolfsburg.

Modell vom Band gehen, doch das 1939 fertiggestellte Werk wurde im Krieg, als man dort nur die Schwimmwagenvariation des VW produzierte, zu 60% zerstört. Der britische Besatzungsoffizier Ivan Hirst baute das Werk nach dem Krieg wieder auf und begann mit der Produktion des Käfers, welche er 1948 dem von Opel herbeige- holten Heinrich Nordhoff über- gab. Nordhoff gelang es dann, in- nerhalb von sieben Jahren VW zur viertgrößten Automobilfabrik der Welt zu machen. Für seine 25 000 Mitarbeiter ließ er neben dem Werk eine neue Stadt mit vorbild- licher sozialen Einrichtungen ent- stehen: Wolfsburg.

In den späten 1950er-Jahren begann der Schiffstransport von Volkswagen zu den Häfen der amerikanischen Atlantikküste.

Ausweichen ins Ausland – erste Konkurse

Viele deutsche Industrielle errichteten ab 1959 Zweigwerke auf der grünen Insel Irland, wo Baugrund und Arbeitskräfte billig waren. Liebherr baute Kräne, Faber-Castell stellte Bleistifte her, mehrere Textilfabrikanten fertigten Kleider und Wäsche. Eine holländische Firma produzierte Kleinklaviere.

»Kauft Schlösser in Irland!« – so lautete die Parole in den späten 1950er-Jahren, und viele Deutsche kauften sich große Häuser, erwarben Güter und Farmen. Vor allem aber siedelte sich deutsche Industrie in Irland an, wo es genügend Arbeitskräfte gab, die Löhne niedrig waren, der Baugrund günstig und keine Steuern aus den Einnahmen der Exportgeschäfte zu zahlen waren. Doch in den frühen 1960er-

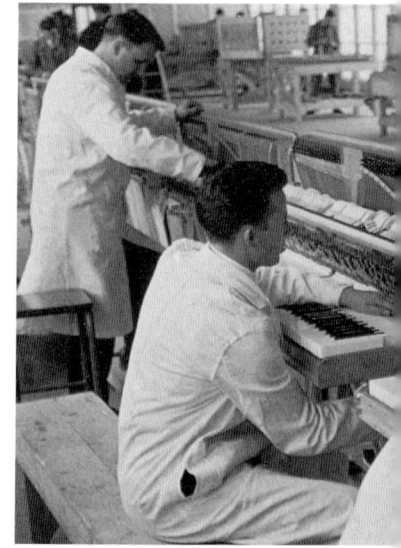

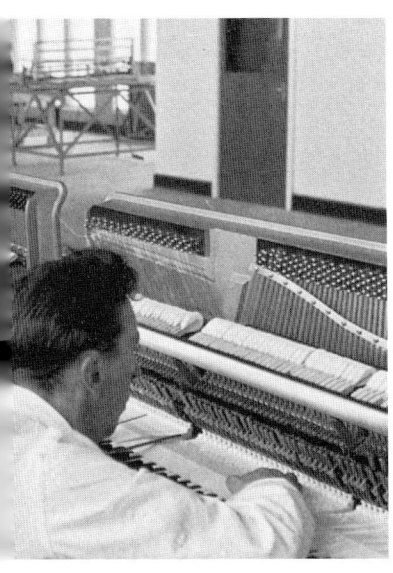

Jahren war die Pionierzeit des ungezügelten Aufbaus bereits wieder vorbei. Die 1906 gegründeten Borgwardwerke in Bremen gingen 1961 in Konkurs. Tausende unverkäufliche »Arabella«-Autos standen auf Halde, 15 000 Borgward-Arbeiter auf der Straße. Firmenchef Ernst Borgward musste seine stillgelegte Automobilfabrik 1963 verkaufen. Sie wurde, komplett in Kisten verpackt, in die Neue Welt nach Mexiko verschickt.

Der Erbauer schöner und guter Automobile, Ernst Borgward, hatte 1961 aufgegeben und seine Produktionsmittel nach Mexiko verkauft. Fließbänder und Maschinen stehen zum Abtransport in den Werkshallen bereit.

Die stattliche Villa des Geschäftsmanns Borgward in Bremen.

Ein zweites großes Unternehmen musste 1962 mit dem Schlieker-Konzern, einem Stahl- und Werften-Imperium, 1962 Insolvenz anmelden. Willy Schlieker hatte es zuvor vom kleinen Handlungsgehilfen in Übersee zu einem der erfolgreichsten Industriellen Deutschlands (800 Millionen Umsatz bei 7000 Beschäftigten) gebracht.

Willy H. Schlieker 1963 in Zypern bei Erzbischof Makarios, der den deutschen Reeder mit dem Bau von Werften in Limassol an der Südküste der Insel beauftragen wollte.

Über den Wolken

Eine der zwölf ersten fliegenden Stewardessen der Nachkriegs-Lufthansa posiert vor einer Convair.

1957 in den USA – 1960 auch in Deutschland – begann das »Düsenzeitalter«. Die ersten Jets, hier eine Boeing 707, lösten im Atlantikverkehr die Propeller- und Turbomaschinen ab.

Erst zehn Jahre nach Kriegsende fiel das alliierte Flugverbot für die deutsche Luftfahrt. Die neue Deutsche Lufthansa begann am 1. April 1955 mit vier zweimotorigen Convair 340 der Consolidated Vultee Aircraft den Linienverkehr über der Bundesrepublik Deutschland. Schon im Sommer desselben Jahres eröffnete sie den Transatlantikverkehr mit der viermotorigen Lockheed-Super-Constellations, die zunächst nur von englischen und amerikanischen Piloten geflogen wurden.

Am 11.4.1961 taufte Konrad Adenauer mit Sekt und einer Festrede die sechste Düsenmaschine der Lufthansa auf den Namen der damaligen Bundeshauptstadt Bonn.

Wernher von Braun und seine Raketen machten den Traum von der Mondfahrt zur Wirklichkeit. Am 16. Juli 1969 startete eine Saturn V ihren Flug in den Weltraum, an der Spitze das Raumschiff Apollo 11 mit den Astronauten Armstrong, Aldrin und Collins. Am 20. Juli 1969 stand der erste Mensch auf dem Mond.

Wernher von Braun, Leiter des Marshall Flight Centers in Huntsville, 1968 im Gespräch mit seinem zweiten Direktor Heimburg (r.). Im Hintergrund steht die 118 Meter hohe, im Bau befindliche Saturn V.

Wernher von Braun, der nach dem Krieg mit vielen anderen deutschen Raketenbauern von den Amerikanern in die USA gebracht worden war, beim Einkauf in einem Supermarkt in Huntsville, Alabama.

Das Leben geht weiter

Die Nachkriegsjahre wurden später von einer ganzen Generation in eine Zeit »vor der Währungsreform« und eine Zeit »nach der Währungsreform« geteilt. Mit der neuen Deutschen Mark und der Motivation, ein neues Leben anzufangen, formierte sich die westdeutsche Leistungsgesellschaft.

Ende 1949 konnte man in Westdeutschland wieder unbegrenzt einkaufen gehen. Die Schaufenster und Auslagen waren mit reichlich Ware gefüllt, die auf ihre Käufer wartete.

Eine Polizeirazzia auf dem damals
größten Münchner Schwarzmarkt,
der »Möhlstraße«. Hier wurde unter
anderem mit Kaffee und Whisky ge-
handelt, der neuerdings in Mode gekommen war.

Scharfer Kontrast: eine Lebens-
mittelbude im Trümmermeer von
Nürnberg 1946.

Ende 1949 waren die Schaufenster
und Auslagen wieder reichlich mit
Ware gefüllt.

Das Leben geht weiter

Gartenpartys mit gegrilltem Spanferkel – die Deutschen genießen ihren Wohlstand.

Bald schossen neuartige Supermärkte nach amerikanischem Vorbild aus dem Boden. Hier ein Foto von 1958/59, das die Damen beim Kauf des beliebten Chianti zeigt.

Die Grenze zum russischen Sektor in Berlin 1954.

Noch viele Jahre nach Kriegsende kamen deutsche Kriegsgefangene aus Russland zurück. Sie trugen oft noch Reste ihrer Wehrmachtsuniformen und waren froh um einen Teller warme Suppe wie hier im Frankfurter Hauptbahnhof 1947.

Das Leben geht weiter

Aber auch die Studenten dieser Nachkriegszeit beka-
men in der Mensa nur ein mageres Essen, das sie mit
Hefeflocken anreicherten. Oft hausten und lernten sie
gemeinsam in einem alten Bunker.

1959 fuhr mancher Student schon
mit eigenem Wagen zur Universität.

1952 standen noch Reste von der zerbombten Maxburg,
unweit der Frauenkirche in München. Hand in Hand ging
ein Münchner Ehepaar mit ihren Pflegekindern, den
Mischlingen Carola und Annemarie, zur Filmbesetzung-
Vermittlungsstelle.

Das Leben geht weiter

Carola bekam eine kleine Rolle als
»Schwarzer Engel« im »Brandner
Kaspar« für 15 Mark pro Tag.

1962 war aus den Trümmern
der Maxburg ein stattliches Justiz-
gebäude erstanden.

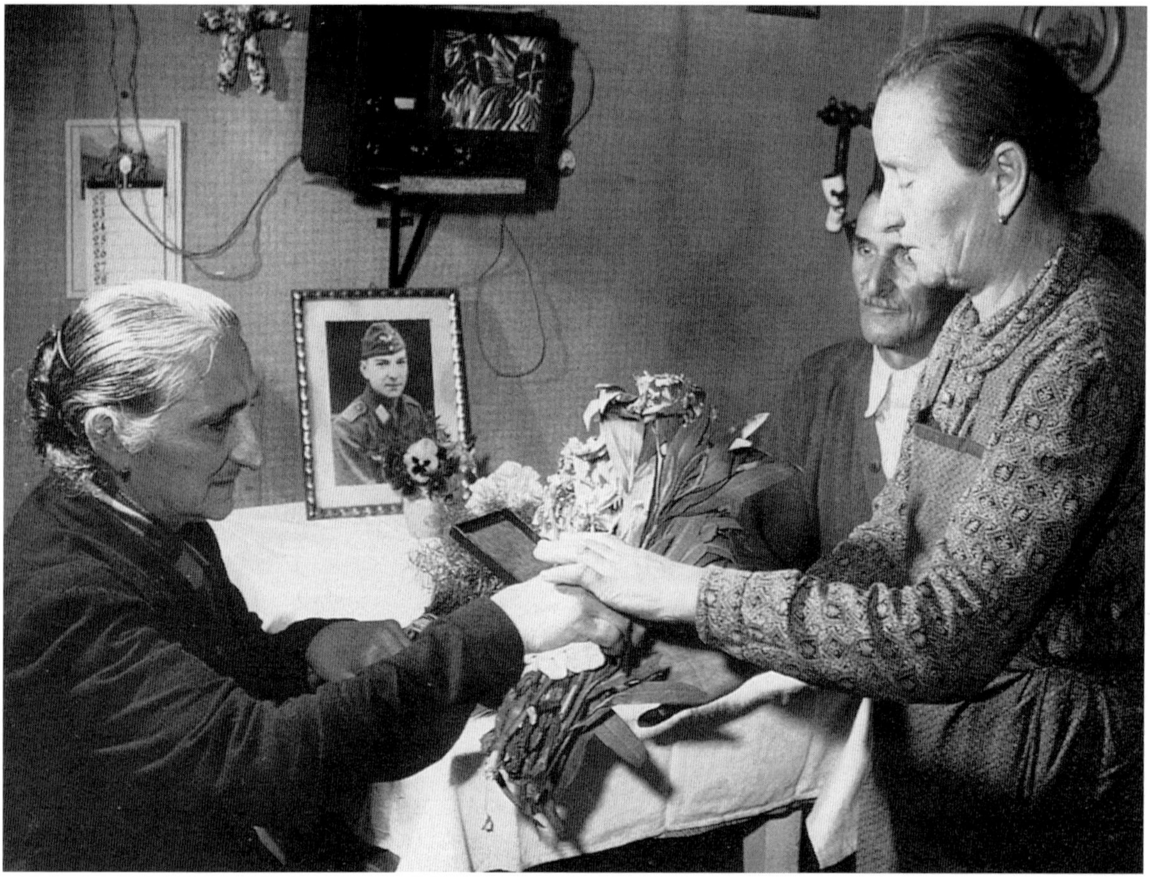

»Mama Lucia«, die in Italien
Hunderte von deutschen Kriegs-
gräbern liebevoll betreute, war
von einem deutschen Verleger nach
Bayern eingeladen worden. Hier
besuchte sie die Eltern eines jungen
Soldaten, der in Italien gefallen war.
Diese bedankten sich bei Mama
Lucia mit einem Strauß Blumen.

Das Leben geht weiter

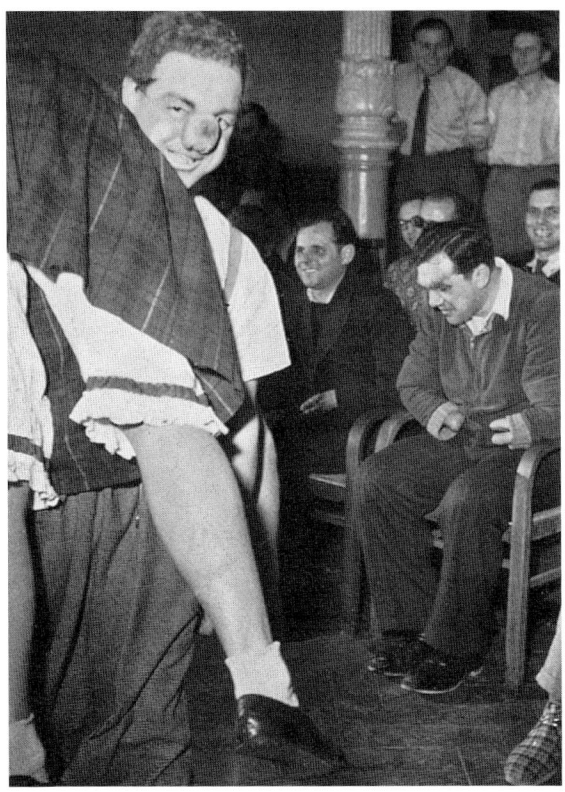

In einem Heim für Schwerbehinderte geben die Clowns eines in der Nähe gastierenden Zirkus für die Kranken eine Gratisvorstellung.

Therapiestation für Patienten, die an Parkinson leiden, in Gießen.

Die Angst des Schulmädchens vor rücksichtslosen deutschen Fahrzeughaltern, die ihre Liebe zum Auto nun richtig auslebten.

Militärgerichtsverhandlung
gegen einen jugendlichen Dieb
in Mosbach/Baden.

Ein Lager für Frauen, die eines Kriegsverbrechens verdächtigt waren, bei Garmisch-Parten-kirchen.

Manch Bundesbürger, der es schon zu etwas gebracht hatte, baute sich eine Villa mit Innenpool und versenkbaren Glastüren zum Garten sowie einer Kegelbahn im Kellergeschoss.

Nur knapp zehn Jahre nach der Gründung der Bundesrepublik schmückte der bekannte Düsseldorfer Juwelier René Kern seine Kundinnen wieder mit teurem Schmuck.

Das Leben geht weiter

Martin Luther King, das Idol der amerikanischen Bürgerrechtsbewegung, besuchte 1964 in München seinen Freund Al Hoosman, der sich besonders der Mischlingskinder in Deutschland angenommen hatte.

Mode und Freizeit

Die deutsche Haute Couture, die zuerst noch unsicher nach Paris schielte, machte sich nach dem Krieg selbstständig: München und Berlin wurden die Modezentren, in denen Modeschöpfer wie Schulze-Varell, Oestergaard und Uli Richter den Ton angaben. Sie schufen Kleider, die sich nicht nur in Paris, sondern auch in New York sehen lassen konnten. Aus Amerika war 1948 der »New Look« über den großen Teich gekommen: Der Rock wurde lang und überweit, die Taille bekam Wespenform, und man trug wieder weite Unterröcke. Ein Modetrend jagte den anderen – der interessanteste, aber nicht für jedermann tragbare war 1957 die Sackmode. Später sollten reizvoll anzusehende »heiße Höschen« und die gewagten »oben ohne«-Kleider den modischen Geschmack der deutschen Frauen prägen.

Eine US-Bürgerin findet in einem Münchner Modegeschäft Gefallen an einem bayerischen Dirndl.

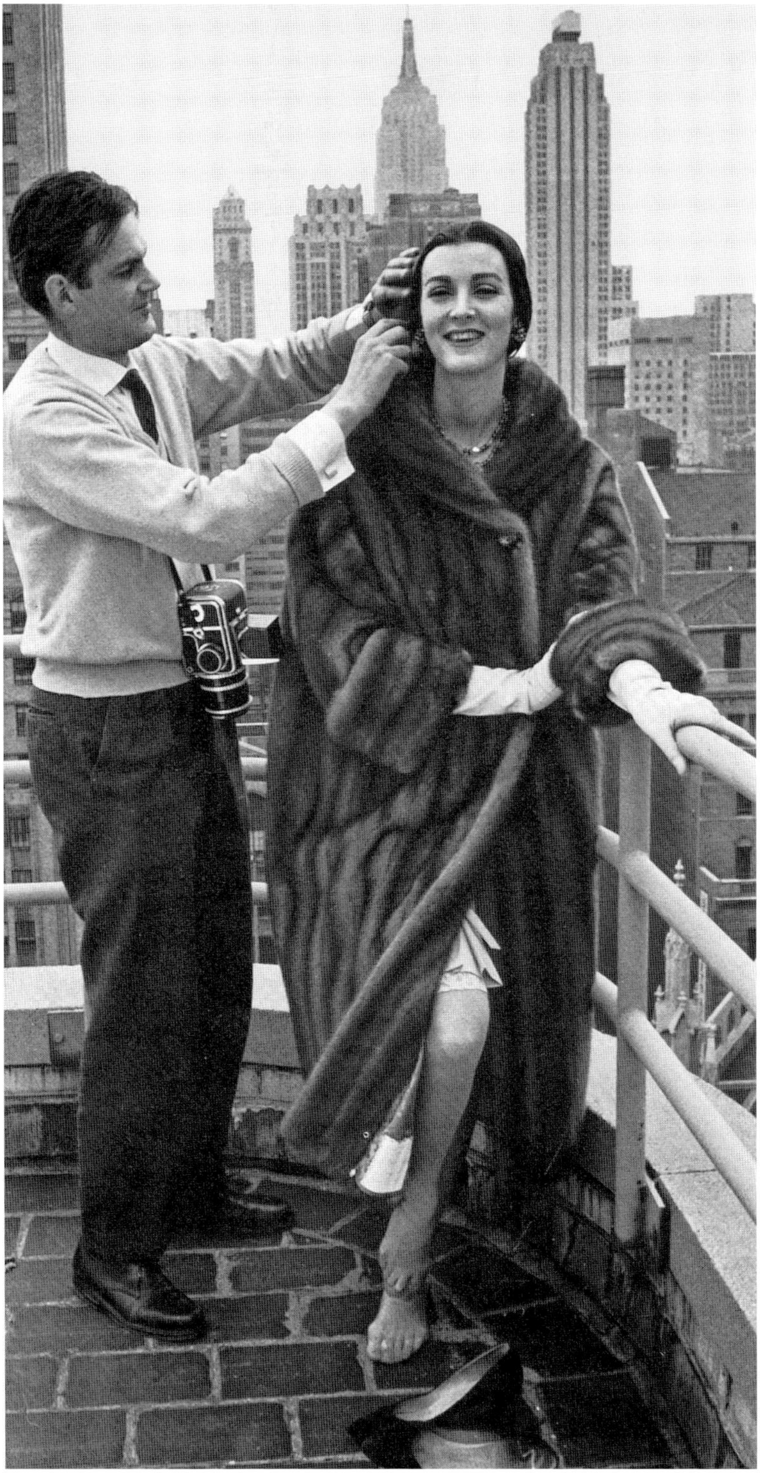

Der Hamburger Modefotograf F. C. Gundlach fotografierte das damals höchstbezahlte Fotomodell New Yorks, Carmen, auf dem Dach des LOOK-Buildings mitten in Manhattan. Die Dame trug einen teuren Zobelmantel.

Die Modefotografin Regina Relang machte Aufnahmen von den neuesten Modellen der italienischen Alta Moda auf dem Ponte Vecchio in Florenz. Ein Fernsehteam begleitete die Fotografin für eine Reportage.

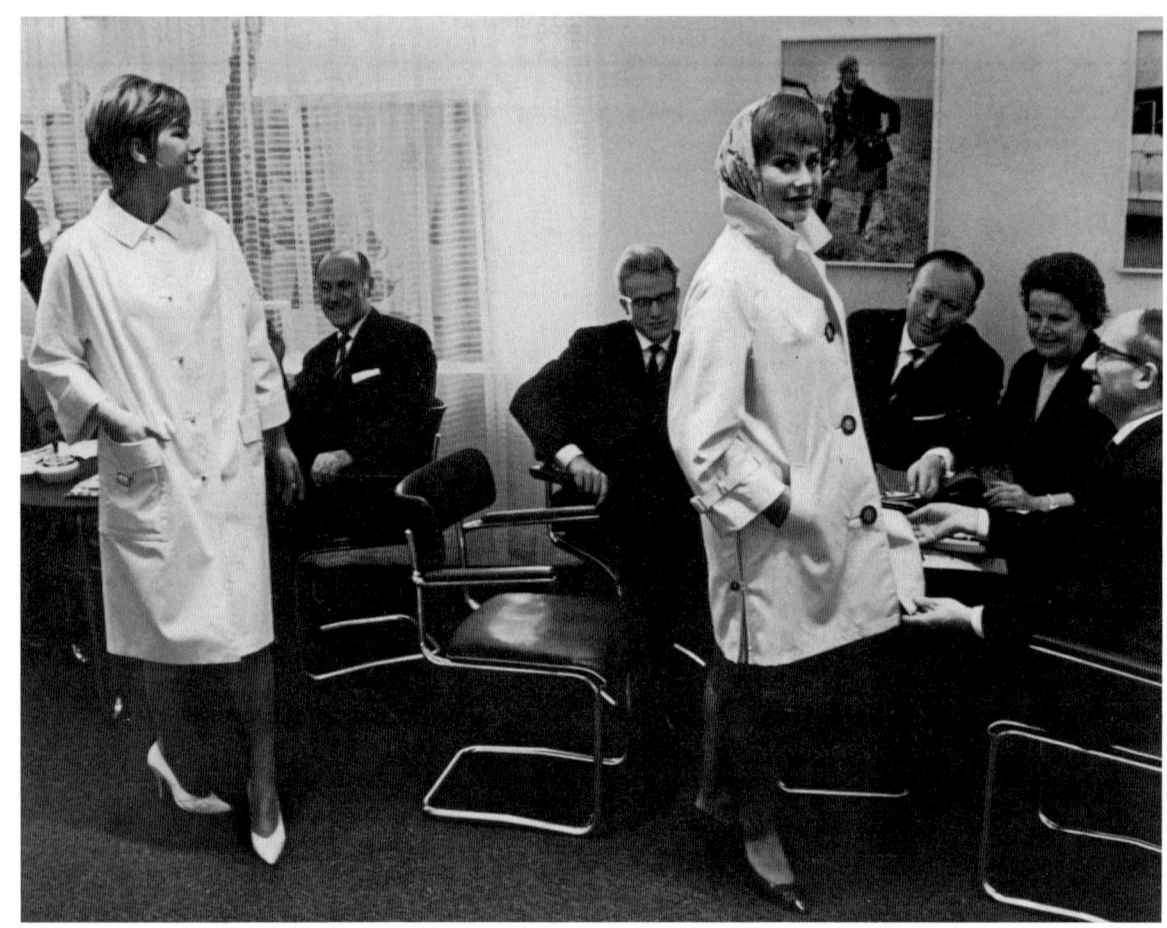

Ein typisches Bild für jede Mode-Messe: Die Einkäufer der deutschen Modehäuser kommen zweimal im Jahr in Berlin, Düsseldorf und München zusammen und lassen sich in den Vorführräumen die neuesten Modelle zeigen.

Das bekannteste Mannequin Frankreichs in dieser Zeit, später verheiratet mit Ali Khan, machte im Ausland wirkungsvolle Werbung für die französische Haute Couture.

Eine modebewusste Dame von unbestechlicher Eleganz.

Die bekannten Sportmode-Designer
Willy und Maria Bogner

Auf den Kaolin-Halden bei Hirschau in der Oberpfalz posieren skilaufende Models in ihrem Designer-Outfit.

Die Arbeitskleidung für Köche und Kellner ist von zeitloser Schönheit. Die Belegschaft eines Hotels an der Zugspitze veranstaltet im Frack und mit Kochmütze ihr internes Skirennen.

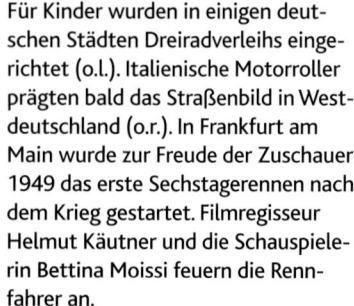

Für Kinder wurden in einigen deutschen Städten Dreiradverleihs eingerichtet (o.l.). Italienische Motorroller prägten bald das Straßenbild in Westdeutschland (o.r.). In Frankfurt am Main wurde zur Freude der Zuschauer 1949 das erste Sechstagerennen nach dem Krieg gestartet. Filmregisseur Helmut Käutner und die Schauspielerin Bettina Moissi feuern die Rennfahrer an.

Durch die Arbeitszeitverkürzung auf 45 Stunden kam mit der Frage »Was mache ich mit der vielen freien Zeit, meiner Freizeit?« ein neues Problem auf die Deutschen zu. Viele wussten nichts Besseres zu tun als »durch die Straßen zu bummeln« – das kostete nichts, hatten sie doch nur wenig Geld und das, was sie verdienten, gaben sie für Kleider,

Essen und Trinken, die Miete, von Zeit zu Zeit für eine Kinokarte aus. Das neue Wort »Freizeitgestaltung« schloss jedoch die aktive Beteiligung in Vereinen, vor allem Sportvereinen ein. Jugendverbände, Betriebs- und Werksgemeinschaften versuchten Anregungen für sinnvolle Erholung zu geben. In Freizeitheimen und Jugendlagern bemühten sich die Kir-

chen mit Bibelarbeit, Andachten, Vorträgen und Diskussionen um die deutschen Müßiggänger. Es kamen immer neue Mittel zur Freizeitgestaltung auf: Auf den Straßen waren nun Motorroller und Autos zu sehen, für den Wassersport gab es Schnorchel und Schwimmflossen, statt Bier trank man mit Freunden Coca-Cola aus Amerika, statt Kaffee Espresso aus Italien. Immer neue Tänze setzten sich durch: Bebop, Boogie und Rock'n' Roll. In den Geschäften waren die sogenannten Hits auf Schallplatten erhältlich, ebenso wie immer bessere Geräte, um sie abzuspielen. Ab 1955 eroberte das Fernsehen, das »Pantoffelkino«, die deutschen Wohnzimmer.

In den späten 1940er-Jahren kamen, angeregt durch amerikanische Militärs, die Seifenkistenrennen auf. Eine solche Rennstrecke führte von der Münchner Bavaria hinunter auf die Theresienwiese.

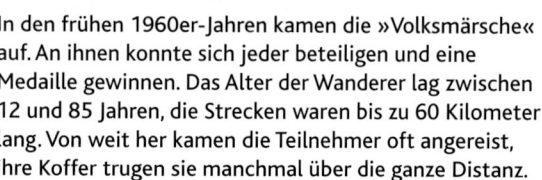

In den frühen 1960er-Jahren kamen die »Volksmärsche«
auf. An ihnen konnte sich jeder beteiligen und eine
Medaille gewinnen. Das Alter der Wanderer lag zwischen
12 und 85 Jahren, die Strecken waren bis zu 60 Kilometer
lang. Von weit her kamen die Teilnehmer oft angereist,
ihre Koffer trugen sie manchmal über die ganze Distanz.

Beim »Marsch um den Starnberger See« machten die Wanderer gerne Pause auf einem der vielen Bootsstege. Ranglisten gab es keine. Dabei sein war alles.

Das ehemals zerstörte Kölner Rheinufer wurde zum Fotomotiv für viele Touristen.

Die von den Fliegerbomben verschont gebliebene Stadt Heidelberg war beliebtes Objekt der Freizeitmaler.

Schon 1946 feierte man wieder das Oktoberfest in München. In den Bierzelten drängten sich die Leute um die Blaskapellen – das Bier war noch sehr dünn, die Stimmung blendend.

Zwei kleine Amerikanerinnen spielen Prinzessinnen auf Schloss Herrenchiemsee.

Eine Festwiesen-Attraktion war der »Rotor«, in dem die Mitfahrer durch die Zentrifugalkraft an die sich schnell drehende Wand gedrückt wurden. Auf dem Kopf stehend: der Erfinder des Rotors, Ernst W. Hoffmeister aus Hamburg.

Amerikanische Soldaten am Kreuz im Starnberger See, der Stelle, an der Ludwig II. ins Wasser gegangen war.

Am Chiemsee ließen sich US-Offiziere in Lederhosen und Trachtenhüten für die Lieben zu Hause fotografieren.

Ein Schuss Bier auf das fast fertig gebratene Spanferkel ergibt eine knusprige Schwarte – eine Gartenparty im Jahr 1950.

Der Bikini war als Badebekleidungsstück erst verschmäht, dann sehr beliebt.

Die Roulettekugel rollte bald wieder für die »feinen Leute« in deutschen Spielkasinos.

Die bayerischen Bauern bevorzugten Schafkopf-Turniere.

Nichttänzer feuerten die Tanzsport-
ler mit schrillen Pfiffen an.

Rock'n'Roll tanzten die jungen
Menschen auf der ganzen Welt
schon im Winter 1949.

1959 beherrschte der Hula-Tanz die
deutschen Tanzflächen.

Mode und Freizeit

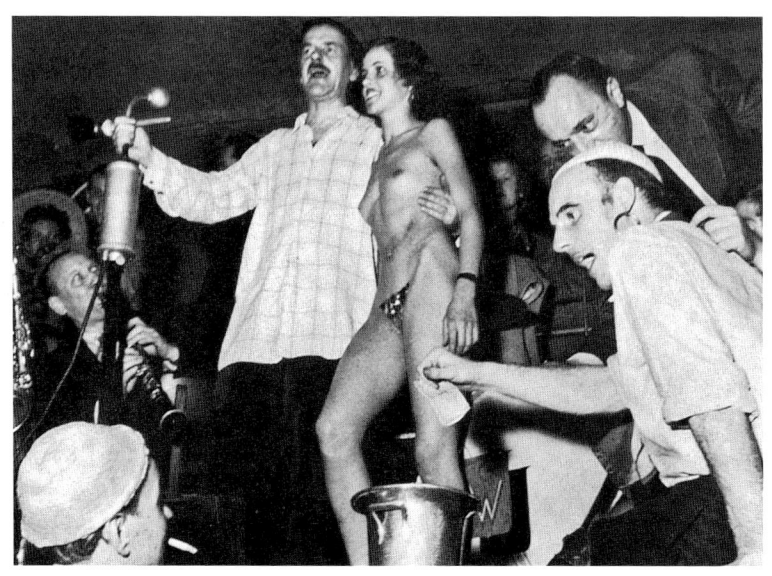

Die Vorführung des Tanzmariechens war in Köln schon immer eine viel-beklatschte Einlage bei den Karnevalssitzungen.

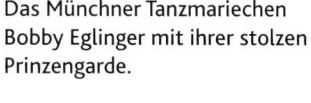

Das Münchner Tanzmariechen Bobby Eglinger mit ihrer stolzen Prinzengarde.

Der Journalist, Maler und Kunstzar Anton Sailer versteigerte auf einer Faschingsfeier 1949 zugunsten alter Maler alle sieben Schleier, die den Körper des Mädchens verhüllt hatten. Ehe die Sittenpolizei einschreiten konnte, hatte er den Sektkübel voller Geld.

Ein Freizeitvergnügen der besonderen Art boten 1949 die Zugspitzartisten (Traber-Truppe): Sie hatten ein Seil vom Ost- zum Westgipfel der Zugspitze gespannt, und zwei Seiltänzer sollten zeitgleich, jeweils von einem Ende kommend, über das Seil balancieren.

In der Mitte stieg dann der eine Artist über den anderen hinweg, um so zum anderen Seilende zu gelangen. Hunderte von Zuschauern wohnten der Sensation bei.

Urlaub – weite Welt

Mit dem Schlager »Pack die Badehose ein« sang sich die kleine Cornelia Froboess in die Herzen der Deutschen, die der Aufforderung gerne folgten und zur Erholung an nahegelegene Seen und mit Bus oder Bahn in entferntere Teile ihrer Heimat fuhren. Doch mit dem einsetzenden Wohlstand der Wirtschaftswunderjahre änderte sich das Reiseverhalten. Mit dem ersten Auto machte man sich auf den Weg nach Österreich und Italien. Reiseorganisationen flogen die deutschen Touristen nach Mallorca, Tunesien und immer weiter in die Ferne. Zu den neuen Urlaubsdestinationen zählten bald auch Kenia, Thailand, der Himalaja und Hawaii.

1949 in Südafrika. Mädchen aus dem Volksstamm der Xhosa singen zur Begrüßung der Gäste auf dem Bahnsteig des Schwesterndorfes Berlin, in dem deutsche Auswanderer wohnen.

»Neckermann macht's möglich« – Familie Neckermann
wurde führend in der Tourismusbranche: Seniorchef
Josef Neckermann (rechts außen) machte sich mit
seinem Versandhaus und den Neckermann-Reisen
einen großen Namen. Peter Neckermann (links außen)
zeichnete für die Firmentöchter N-U-R und Neckura
verantwortlich. Die Neckermanns waren die Erfinder der
Pauschalreisen, die mehr und mehr die Einzelreisen ab-
lösten, für welche man die Tickets in Reisebüros kaufte.

Seit dem 8. Januar 1963 galt das Bundesurlaubsgesetz,
das besagte, dass jeder Arbeiter und Angestellte An-
spruch auf mindestens 15, ab dem 35. Lebensjahr auf
18 Werktage bezahlten Urlaub hat. In Ergänzungsvor-
schriften wurde später zusätzlich ein verbrieftes
Urlaubsgeld festgesetzt. Von diesem Urlaubsgeld er-
sparten sich viele, die ruhige Ferien fernab von Städten und Dörfern in einsamer Natur machen wollten,
eine Campingausrüstung. Für passionierte Camping-
begeisterte entstanden vielerorts Campingplätze mit
Wasser- und Stromversorgung, sanitären Einrichtungen und Restaurants.

Eine junge deutsche Familie 1955 auf Pauschalreise
mit Anreise im Auto. Ziel: ein kleines Hotel am Westufer
des Gardasees.

Endlich Urlaub – nichts spricht gegen ein Picknick im Grünen nach einer Bootsfahrt auf dem See.

Reisegesellschaften überzogen die
jugoslawische Insel Sweti Stefan
gänzlich mit kleinen, romantischen
Urlauberhotels.

Bauboom auf den Kanarischen Inseln:
Hier werden reihenweise Bungalows
für ausländische Feriengäste gebaut.

Die Reiseunternehmen schickten
ihre Späher aus, welche immer
neue Urlaubsgebiete erkundeten, in
die sie die Deutschen mit reich-
haltigen Pauschalreise-Angeboten
lockten: Jugoslawien mit seinen
vielen vorgelagerten Inseln war
nach Österreich das billigste Urlau-
berland für Autofahrer. Wer sich
eine Flugreise leisten konnte, für
den bot sich Mallorca an: schöne
Landschaft, herrliche Strände und
ein Hauch von Chopin und George
Sand. Kostspieliger waren die Ka-

narischen Inseln, wo sich sogar einige Deutsche an der Playa des Ingles Grundstücke kauften, auf denen sie kleine Bungalows errichteten. Bauunternehmen witterten ihr Geschäft und stellten alsbald Hotels bereit. Wo früher nur ein paar Häuschen standen, wuchsen über die Jahre wahre Urlaubsstädte heran.

Unter den Menschenmassen, die durch die russische Hauptstadt Moskau ziehen, sind die Pauschalreisenden aus Westeuropa kaum auszumachen.

Eingeflogene »Neckermänner« unternehmen gemeinsam eine Omnibusfahrt über die Insel Mallorca.

Badespaß im warmen Meerwasser.

Die Touristenattraktion: Kamelritte auf der Kanarischen Insel Lanzarote.

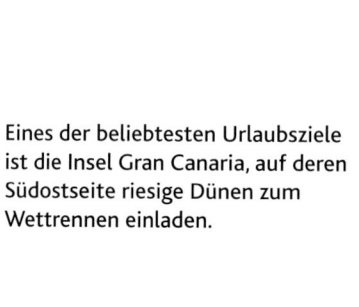

Eines der beliebtesten Urlaubsziele ist die Insel Gran Canaria, auf deren Südostseite riesige Dünen zum Wettrennen einladen.

Urlaub – weite Welt

Blick auf die höchsten Berge der Welt – links der Mount Everest.

Mit der Einführung von Düsenjets im internationale Luftverkehr im Jahr 1956 wurden Pauschalreisen in ferne Länder immer attraktiver. So flogen die Urlauber nach Indien, standen an den Ufern des Ganges und bestaunten das Taj Mahal oder wohnten zwei Wochen in einem Hausboot mit Koch und Bedienung auf den herrlichen klaren Seen von Kaschmir, über denen sich hoch die Himalajaberge erheben. Die Ruinenstadt Persepolis und die Moscheen von Isfahan wurden im Iran für den Massentourismus zugänglich, ebenso wie die Tempel Kiotos oder der Heilige Berg Fujiyama im »Reich der aufgehenden Sonne«, Japan. Auch exotische Länder wie Ceylon, Malaysia,

Stolz rollen die Jungen wunder-
schöne aus Metall getriebene
Tischplatten über eine Straße in
Isfahan.

Singapur und Hongkong wurden
immer öfter von deutschen »Teuto-
nen-Klippern« angeflogen und in
der Türkei besuchten ganze Ur-
laubergruppen Istanbuls Blaue
Moschee und die Hagia Sofia. Besonders beliebte Ziele deutscher
Touristen in Afrika waren Ägypten,
Tunesien und Kenia.

Das meistbewunderte Bauwerk
Indiens ist das Taj Mahal nahe Agra.

Töchter ferner Länder:
eine Eseltreiberin in Tunesien
und Schülerinnen in Kuwait.

Tokio, 1960: ein Brautpaar im modernen
Partner-Look, während die Mutter der
Braut noch einen traditionellen Kimono
trägt.

Ein »Muss« auf jeder Ägyptenreise ist ein Kamelritt um die Cheops-Pyramide hinunter zur rätselhaft lächelnden Sphinx.

In Ägypten gehören die Nekropolis von Theben und die Memnon-Kolosse zum Urlaubsprogramm.

Auch die Pharaonengräber im Tal der Könige, vor allem das Grab des Tut-enchamun, stehen bei den Urlaubern hoch im Kurs.

Auf der vorgelagerten Insel Djerba
baden junge Deutsche nach einem
Kamelritt an einem einsamen
Badestrand.

Tunesien: Im Inneren des Landes steht noch das Colosseum El Djem aus der Römerzeit.

Kenia: Zum Pflichtprogramm gehört eine Fotosafari in einem der riesigen Tierreservate.

Fotopause an den größten Wasser-
fälle der Erde, den Victoriafällen in
Rhodesien, wo der Sambesifluss mit
großem Getöse in die Tiefe stürzt.

Im Kraal tanzt
der junge Zulu-
Häuptling mit
seiner Schwester
einen Kriegstanz.

Bestaunt und gegen Honorar oft
fotografiert werden die jungen
Krieger der Massai.

Urlaub – weite Welt

An einem der Strände von Sydney, Australien, warnen Schilder vor Haien auf Englisch und Deutsch.

Strandspaß am Pazifikstrand von
Malibu vor Los Angeles.

Ein deutsches Urlaubspaar aus
Düsseldorf auf einer Bootsrundfahrt
in der Bay von San Francisco.

Die Fähre nach Staten Island kostete noch in den 1960er-Jahren nur fünf Cents – der günstigste Fahrpreis von ganz New York.

Blick auf den Zuckerhut von Rio de Janeiro.

Hoch über dem brasilianischen Urwald.

Die schönen Künste und die Literatur

Festakt anlässlich der Eröffnung der wieder aufgebauten Paulskirche in Frankfurt am Main.

Der aus dem Exil zurückgekehrte Dichter Fritz von Unruh sprach feierlich zu den Gästen.

Das Kulturleben in Deutschland nach dem Krieg begann mit der eindrucksvollen Feier am 18. Mai 1948 in der wieder errichteten Paulskirche zum Gedenken an die Zusammenkunft der Nationalversammlung vor 100 Jahren. Feierlich erklang, gespielt von einem großen Symphonieorchester, das »Frankfurter Konzert 1948«, das Harald Genzmer für den Festakt komponiert hatte, der Dichter Fritz von Unruh, nach 16-jährigem Exil in die Heimat zurückgekehrt, hielt die Festrede. Doch als die Mitglieder des Parlamentarischen Rates unter Adenauers Vorsitz ein Jahr später durch das Grundgesetz die Bundesrepublik Deutschland begründeten, blieb das Wort Kunst in diesem modernen Gesetzeswerk unerwähnt. Nur in §74 sprachen die Väter des Grundgesetzes über den »Schutz deutschen Kulturgutes gegen Abwanderung in das Ausland«. Auch gab es kein Bundeskultusministerium – Kultur war allein den Bundesländern vorbehalten.

Viele der Dichter und Denker, der Komponisten, Bildhauer und Maler, der Sänger und Schauspieler, die aus politischen und rassischen Gründen nach Hitlers Machtergreifung Deutschland verlassen hatten, kehrten aus dem Exil zurück. Mit vereinten Kräften brachten sie das Kulturleben wieder zum Blühen.

Andrang vor dem Haus der Kunst in München im Jahre 1948: Besucherscharen möchten die ersten Ausstellungen sehen.

Kino-Reklame im Nachkriegs-Köln.

Berühmte Kunstwerke, die in Bunkern den Krieg überstanden hatten und wie durch ein Wunder von Bombenschäden verschont geblieben waren, wurden wieder der Öffentlichkeit gezeigt. In notdürftig renovierten Kinos ging man seit Ende 1945 daran, Filme zu zeigen, deren Negative erhalten geblieben waren und von denen neue Kopien gezogen wurden. Repräsentanten der Dichtkunst, auch aus den Ländern der Kriegsgegner, kamen bereits 1947 wieder zu Vorlesungen oder Kongressen nach Deutschland.

1958 finden die ersten Antiquitäten-
messen statt: Ein Besucher bewun-
dert eine teure Narziss-Figur.

Die weltbekannte
Nofretete war aus
ihrem bombensiche-
ren Versteck hervor-
geholt und erstmals
in Wiesbaden
ausgestellt worden.

Die schönen Künste und die Literatur

Elisabeth Bergner war aus England
zurückgekehrt und hielt in Augsburg
ihre erste Lesung.

Die schönen Künste und die Literatur

Thomas Mann zog es vor, im Exil zu bleiben. Er lebte mit Frau Katja und Tochter Erika in seinem Haus auf den Pacific Palisades, hoch über der Pazifikküste bei Los Angeles.

Hans Albers bei einer Kostümprobe zu Bert Brechts »Die Dreigroschenoper« in den Münchner Kammerspielen.

Der spätere Romanautor mit Millionen-Auflagen, Johannes Mario Simmel (M.) hatte das Stück »Der Schulfreund« geschrieben, das unter dem Intendanten Hans Schweikart (l.) und der Regie von Arno Assmann (r.) im Schauspielhaus München uraufgeführt wurde.

Der Dichter Carl Zuckmayer spricht in der Pause der Generalprobe zur Uraufführung seines »Des Teufels General« mit dem Hauptdarsteller Martin Held. Das Stück wurde Ende November 1947 in der Frankfurter Börse erstmals vor Publikum gespielt. In der erfolgreichen Verfilmung des Zuckmayers Erfolgsstücks »Des Teufels General« von 1955 spielt Curd Jürgens den Titelhelden.

Das Schauspieler-Ehepaar Bernhard Wicki und Agnes Fink.

Zwei beliebte deutsche Schauspieler und Schlagersänger: Cornelia Froboess und Rex Gildo.

Der früh verstorbene große Darsteller Roben Graf auf der Bühne.

Die schönen Künste und die Literatur

Im Sommer 1948 begannen erneut die jährlich wieder-kehrenden Festspielzeiten in Bayreuth und Salzburg. Während Bayreuth den großen Richard Wagner feiert, gedenkt Salzburg dem berühmten Sohn der Stadt, Wolfgang Amadeus Mozart, und inszeniert traditionell das Schauspiel »Jedermann« des österreichischen Dichters Hugo von Hofmannsthal.

Bei den Salzburger Festspielen 1948 wurde in der Felsenreitschule Mozarts »Zauber-flöte« aufgeführt. Tänzerinnen pro-ben die Choreo-grafie.

Werner Krauss als Teufel im »Jeder-mann« und der Maskenbildner vor dem Salzburger Dom.

Der Dirigent der »Zauberflöte«, Cle-mens Krauss, mit dem Darsteller des Monostatos.

Herbert von Karajan im Repetier-zimmer mit Magda Gabory und dem Tenor Giuseppe Taddei.

Zuschauer der Bayreuther Fest-
spiele bestürmen Hermann Prey
mit Autogrammwünschen.

Dirigent Karl Böhm begrüßt
Prey und die anderen Darsteller
Evelyn Lear und Waldemar
Kment auf der Bühne des Fest-
spielhauses.

Vor dem Bühneneingang in Salzburg
warteten Autogrammjäger auf den
Sänger.

Die schönen Künste und die Literatur

Hermann Prey bei seiner Ankunft in
Salzburg.

Hermann Prey (r.) genießt den
Applaus der »Tannhäuser«-
Aufführung in Bayreuth, wo er
die Rolle des Wolfram sang. Neben
ihm (v.r) stehen Wieland Wagner,
André Clujtens (Dirigent), Leonie
Rysanek und Ludmilla Dvorakowa.

Die schönen Künste und die Literatur

Boris Blacher hatte aus Shakespeares »Hamlet« ein Ballett gemacht und spielte den Prinzen Hamlet. Hier ist er in der zentralen Szene mit dem Totengräber, getanzt von Franz Bauer, auf der Bühne des Bayerischen Nationaltheaters zu sehen.

Den Auftritten berühmter internationaler Tänzer fieberten Ballettliebhaber schon Wochen vorher entgegen. Die Eintrittskarten waren wahre Kostbarkeiten. Aber auch kleine Bühnen veranstalteten ihre Tanzfestspiele und bereicherten so das westdeutsche Kulturleben.

Die bedeutendste Balletteuse aus Russland, die »Ulanowa«.

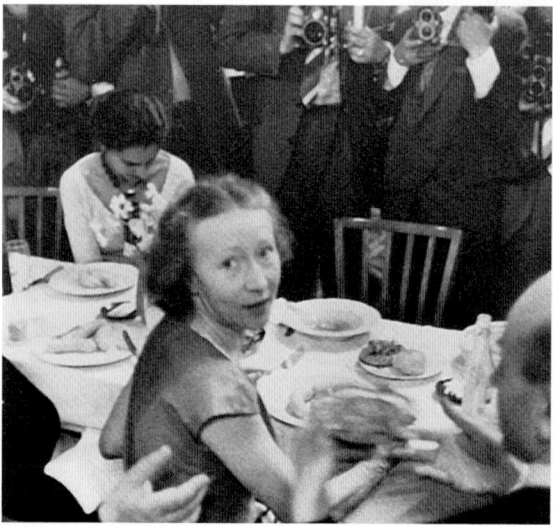

Margot Fonteyn, die damals größte Balletttänzerin aus England.

Die schönen Künste und die Literatur

»Pas de deux« im Schlosspark
von Schwetzingen: Lisa Kretschmar
und Horst Remus vom Mannheimer
Nationaltheater.

Die Dirigenten Karl Böhm und
Herbert von Karajan bestaunen
zusammen mit ihren Frauen das
neue Haus.

Zu den herausragendsten Theater-
ereignissen der Adenauerzeit ge-
hörte 1963 die Wiedereröffnung
des Nationaltheaters in München.
Jahre hatte der Wiederaufbau ge-
dauert, reiche Münchner Bürger
beteiligten sich an der Finanzierung und bezahlten die Bestuh-
lung. Man organisierte Tombolas,
um zumindest einen Teil der im-
mensen Kosten zu decken. Am Tag,
an dem die Bühne erstmals wieder
bespielt wurde, kamen berühmte
Gäste und Sänger, die den festlichen Aufführungen Glanz und
Schönheit verliehen.

Die schönen Künste und die Literatur

Am Ende der Vorstellung verbeugen sich Staatsintendant Rudolph Hartmann mit dem Dirigenten Joseph Keilberth (l.) und den Sängern Claire Watson und Jess Thomas.

Die Begum Aga Khan kommt mit Curd Jürgens zur Festvorstellung »Die Meistersinger von Nürnberg«.

Große Persönlichkeiten der Musik:
der ungarische, später in England
geadelte Dirigent Georg Solti.

Der bedeutende Münchner General-
musikdirektor Hans Knappertsbusch.

Die schönen Künste und die Literatur

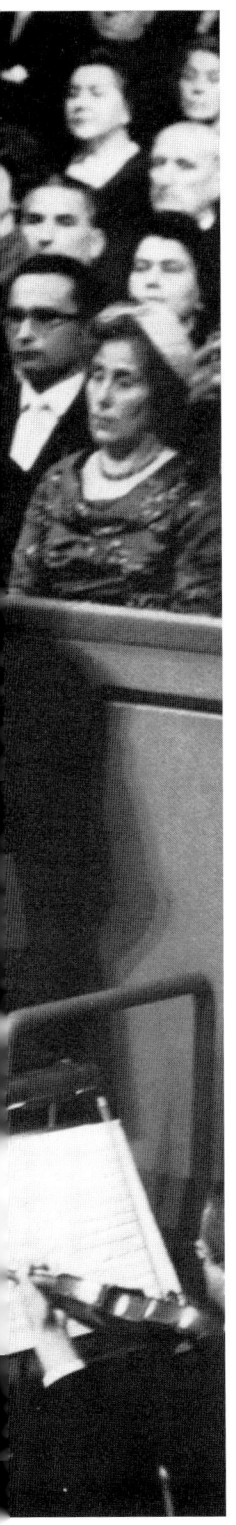

Die Komponisten Werner Egk (M.)
und Carl Orff (r.) lauschen dem
Konzert.

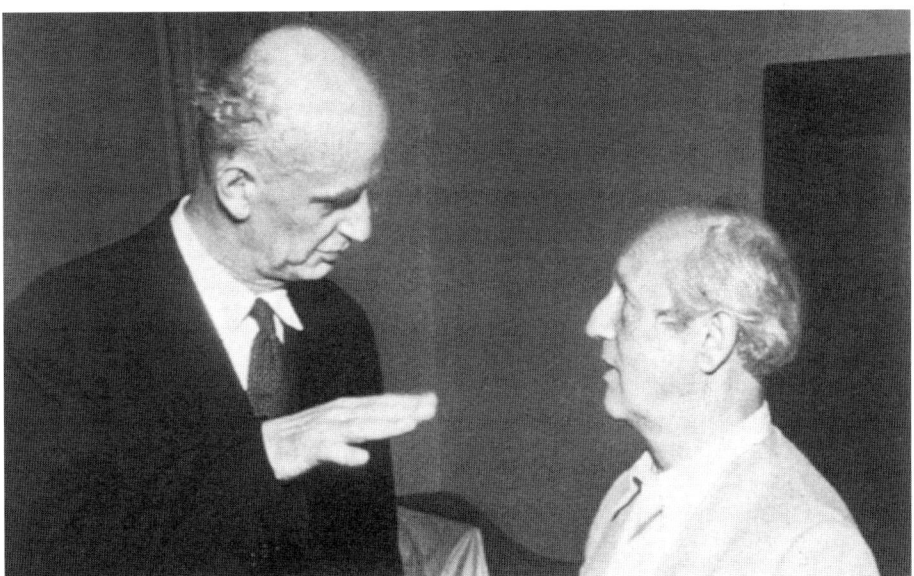

Wilhelm Furtwängler bespricht mit
dem Bühnenbildner Emil Preetorius
die gemeinsame Inszenierung in
Berlin.

Die schönen Künste und die Literatur

Vicco von Bülow alias Loriot am Telefon.

In der Bundesrepublik begann in den 1950er-Jahren die Zeit der großen deutschen Karikaturisten und Zeichner. Sie verfolgten das politische Geschehen aufmerksam, um es in den großen Tageszeitungen mit ihrer spitzen Feder zu kommentieren.

Manfred Schmidt, der Nick-Knatterton-Erfinder, hat Besuch aus Hollywood – den weltberühmten Cartoon-Filmer Walt Disney.

Der Politiker und Porzellanfabrikant Philipp Rosenthal hat den italienischen Modeschöpfer Conte Pucci zu Gast, welcher für Rosenthal Porzellanbemalungen entwarf.

Zwei Achtzigjährige feiern gemeinsam ihren Geburtstag: der Zeichner Olaf Gulbransson und der Schauspieler Gustav Waldau.

Die schönen Künste und die Literatur

Die »Leichte Muse« und der Film

Der Schlager auf Erfolgskurs

Unmittelbar nach dem Zusammenbruch 1945 stand den Deutschen nicht der Sinn nach leichter Muse. Zuerst galt es die Zerstörungen des Krieges zu beseitigen und das Land wieder aufzubauen. Abends auszugehen – daran war vorerst nicht zu denken. Unterhaltung für zu Hause boten vielleicht ein Volksempfänger oder ein Plattenspieler, den man aus dem Krieg herübergerettet hatte.

Doch nach der Währungsreform verbesserte sich die Lage schnell. Bald waren neue Schallplatten auf dem Markt erhältlich und die Schlagerindustrie begann zu boomen. 1948 sang die Schweizerin Lys Assia das Lied ihres Landsmannes Paul Burkhard aus dessen neuem Musical »Feuerwerk«: »O mein Papa«. Es wurde ein Welthit. Den ersten wichtigen deutschen Schlager nach dem Krieg komponierte Gerhard Froboess in Berlin, die Stimme seiner achtjährigen Tochter Cornelia tönte bald aus allen Lautsprechern: »Pack die Badehose ein!« Die meisten Schlager dieser Zeit waren jedoch Westernsongs oder amerikanische Liebeslieder, die Bill Ramsey und andere Besatzungssoldaten in die Westzone brachten und für das deutsche Publikum übersetzt wurden. Ihre Interpreten nahmen gerne amerikanische Namen an wie Mary Roos, Roy Black und Freddy Quinn.

1965 sang sich Alexandra mit ihren selbst geschriebenen Liedern kometenhaft in die Hitlisten und in die Herzen der Deutschen.

Der Schweizer Komponist Paul Burkhard komponierte den Weltschlager »O mein Papa«.

René Kollo im Jahre 1969 mit seiner Frau, der dänischen Sängerin Dorthe, und ihrem Kind. Er war damals an der Deutschen Oper am Rhein engagiert und wurde später ein Weltstar.

Wurden im Jahre 1949 sechs Millionen Schallplatten verkauft, waren es 1958 bereits 58 Millionen. Die Sänger dieser Schallplatten waren u.a.: Peter Alexander, Caterina Valente, Ralf Bendix und Rex Gildo. Margot Eskens verkaufte von ihrem »Cindy, oh Cindy« rund 700 000 Singles. Große Filmstars wie Hans Albers, Zarah Leander und Heinz Rühmann entdeckten die Branche für sich, und bald stiegen auch Auslän-der in der Bundesrepublik in das lukrative Geschäft ein: Schnell eroberten die Dänin Gitte (»Ich will 'nen Cowboy als Mann«) und die Griechin Nana Mouskouri (»Weiße Rosen aus Athen«) das deutsche Publikum, und der junge Holländer Heintje schmachtete seine Mama-Lieder. Unglaublich erfolgreich waren auch der hellblonde Heino und Udo Jürgens aus Graz.

Mitte der 1960er-Jahre wurde der Schlagerkomponist und Sänger Udo Jürgens aus Graz zum großen Show-Star in Westdeutschland.

Berühmte Kabarettisten der Nachkriegszeit: Wolfgang Neuss, Wolfgang Müller und Ursula Herking.

Hans Jürgen Diedrich, Jürgen Scheller und Dieter Hildebrandt auf den Brettern der »Lach- und Schießgesellschaft«.

Kleinkunstbühnen sind die Welt der Kabarettisten, Spötter, Satiriker, Zyniker, die mit ihren Sprüchen und verbalen Verdrehungen, hintergründigen Gedanken oder offenen Angriffen auf Politiker das Publikum zum Lachen, aber auch zum Nachdenken bringen.

Edmund Nick und Erich Kästner im Münchner Kabarett »Schaubude«.

Kay Lorentz (links außen) und Lore Lorentz (ganz rechts) waren die Stars ihres eigenen Kabaretts »Das Kom(m)ödchen« in Düsseldorf.

Die »Leichte Muse« und der Film

Der deutsche Film

Mit Beginn des Wirtschaftsaufschwungs entstanden auch die deutschen Kinos neu, sie waren nun weiträumiger und moderner als je zuvor. Schwungvolle Formen gaben den Kinos mit oft mehr als 1200 Sitzplätzen eine großzügige Atmosphäre. 1953 zählte man bereits 4850 Filmtheater mit insgesamt mehr als einer Million Sitzplätzen.

Der deutsche Film hatte schon im Februar 1946 mit »Die Mörder sind unter uns« verheißungsvoll angefangen. Der Regisseur Wolfgang Staudte drehte mit altbewährten Schauspielern wie Wilhelm Borchert, Harald Paulsen und mit einem neuen interessanten Gesicht: Hildegard Knef. Die Aufarbeitung der unmittelbaren Vergangenheit und Gegenwart machte Schule für die nun folgenden »Trümmer- und Heimkehrer«-Filme.

Sonja Ziemann (hier mit ihrem Sohn) lächelt in die Kamera.

Sehr beliebte Filmdarsteller waren Theo Lingen und Hans Moser, hier in »Charleys Tante«.

Liselotte Pulver und Hardy Krüger gehören zu den deutschen Filmgrößen.

Auf deutschen Bühnen und im Film war Heinz Rühmann, der hier mit seiner Frau Hertha Feiler anderen Künstlern Beifall spendete, einer der ganz Großen.

Viel beachtete deutsche Filmschauspieler: Charles Regnier und Willy Birgel.

Die »Leichte Muse« und der Film

International erfolgreich war die deutsche Filmschauspielerin Marlene Dietrich, hier bei einem kurzen Wiedersehen 1960 in Berlin.

In den Schlössern der bayerischen Könige inszenierte Helmut Käutner mit Ruth Leuwerik und O.W. Fischer seinen »Ludwig II.«-Film.

Filmszene: König Ludwig kämpft mit seinem Leibarzt von Gudden im Wasser des Starnberger Sees.

Auch Maria Schell war ein gefeierter Star.

Karlheinz Böhm und Ingrid Sten in
»Der unsterbliche Lump«.

Johannes
Heesters mit
seiner Tochter
Nicole im Jahre
1951.

Margot Hielscher und Peter van Eyck
spielen gemeinsam in »Hallo Fräu-
lein«.

Der meistgeküsste deutsche Film-
held war Rudolf Prack – hier mit
Marianne Koch.

Die »Leichte Muse« und der Film

Die unverwüstliche Marika Rökk bei einem
schnellen Kostümwechsel hinter der Kulisse einer Show.

Die »Kessler-Sisters«, Alice und Ellen Kessler,
Zwillingsschwestern aus Leipzig, wurden 1955
Mitglieder des berühmten Pariser Balletts »Blue
Bells« und drehten unter Artur Maria Rabenalt
ihren ersten Film.

Romy Schneider spielt als Siebzehn-
jährige eine kleine Rolle in »Feuerwerk« mit Karl Schönböck und Lilli
Palmer.

Die »Leichte Muse« und der Film

Zu Gast beim Traumpaar des
indischen Films in Bombay:
Romy Schneider mit ihrer Mutter.

Romy Schneider und Horst Buchholz
in einer Drehpause.

Eine große deutsche Filmdarstellerin war die geheimnisvolle Sybille Schmitz, hier mit Regisseur Eugen York und Kameramann Wilhelm Winterstein.

Der Regisseur Victor Tourjansky mit Trude Hesterberg.

Fritz Kortner, der große Menschendarsteller, produzierte den Film »Der Ruf« mit der Tochter des amerikanischen Botschafters Robert D. Murphy, die die Rolle der »Mary« spielte. An ihrer Seite: Ilse Werner (l.) und der Regisseur Joseph von Baky.

Luis Trenker, Produzent, Regisseur und Hauptdarsteller zahlloser großartiger Bergfilme, war oft auch sein eigener Kameramann.

Regisseur Helmut Käutner und Kameramann Igor Oberberg bei der Arbeit.

Heidi Brühl und der Ganghofer-Filmproduzent Peter Ostermayr.

Die »Leichte Muse« und der Film

»Sie sind meine Sünderin!«, sagte
Willi Forst auf dem Filmball zu Hildegard Knef. Und sie wurde die Titel-
darstellerin des viel angefeindeten
Films »Die Sünderin« von 1951.

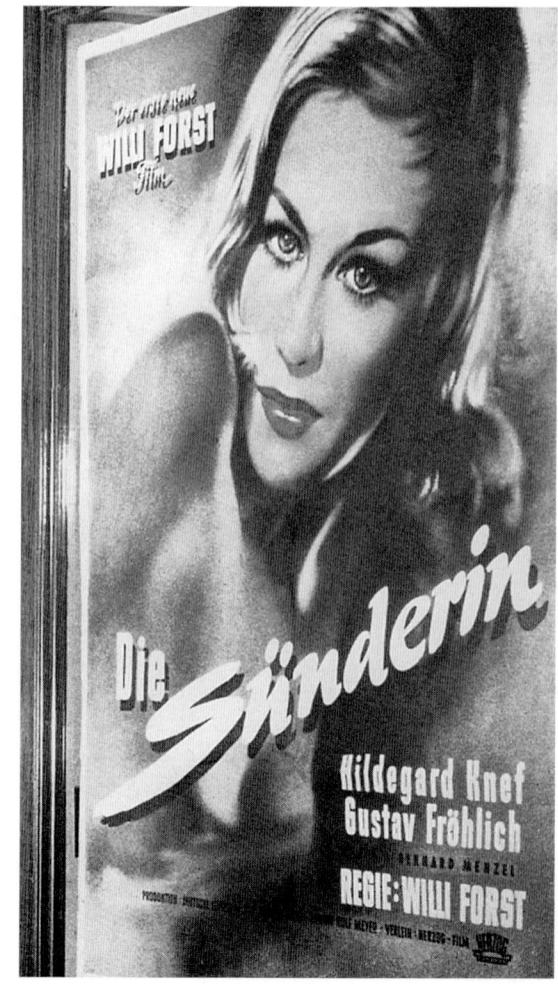

Werbung für den »Skandalfilm«.

Die »Leichte Muse« und der Film

Ein Hauch von Hollywood

Die Bundesrepublik unter Konrad Adenauer war für ausländische Filmproduzenten bald ein attraktiver Markt: Viele amerikanische, englische, französische und italienische Filme liefen wochenlang in deutschen Kinos. Ihre Regisseure waren in aller Munde: John Huston, William Wyler, Cecil B. de Mille, Vincente Minnelli und Otto Preminger, alle aus den USA, Sacha Guitry und Julien Duvivier aus Frankreich, der Engländer Carol Reed und die beliebten Italiener Vittorio de Sica, Federico Fellini, Antonio Antonioni und Roberto Rossellini.

Einige ausländische Regisseure drehten ihre Filme sogar in Deutschland, wie der Amerikaner Howard Hawks »Ich war eine männliche Kriegsbraut« (1949). Der Wirbel, den der riesige Aufnahmestab der Hollywood-Produktion in Heidelberg machte, war für die Deutschen eine Sensation, vor allem konnten sie internationale Filmstars wie Cary Grant, der einen französischen Capitaine spielte, nun leibhaftig sehen. Der Franzose Max Ophüls inszenierte später seine »Lola Montez« (1955), die Geliebte König Ludwigs I., in München. Der Engländer Carol Reed ließ seine Hauptdarsteller Claire Bloom, Hildegard Knef und James Mason in »Gefährlicher Urlaub« (1953) in den echten Ruinen von Berlin agieren. Berühmte andere Schauspieler spielten sich in dieser Zeit in die Herzen der Deutschen: Liz Taylor und Richard Burton in »Cleopatra«, Leslie Caron und

Gene Kelly in »Ein Amerikaner in Paris«, Grace Kelly und Marilyn Monroe, Brigitte Bardot, die den Deutschen Gunter Sachs heiratete, Audrey Hepburn und Marlon Brando, Gérard Philipe, Jerry Lewis und Dean Martin. Der junge James Dean wurde weltweit zum Idol der Jugend.

Der Hollywoodregisseur Howard Hawks drehte vor der Kulisse des Heidelberger Schlosses mit Cary Grant und Ann Sheridan »Ich war eine männliche Kriegsbraut«.

Regisseur John Houston und sein »Käpt'n Ahab«-Darsteller Gregory Peck bei den Dreharbeiten in der Irischen See zu »Moby Dick«.

In Max Ophüls' »Lola Montez« spielen Martine Carol und Peter Ustinov die Hauptrollen.

1954 wurde am Rande der Sahara der Film »Ali Baba und die 40 Räuber« mit Fernandel und Dieter Borsche gedreht. König Faruks liebste Bauchtänzerin Saria Gamal war dabei.

Das Ehepaar Audrey Hepburn und Mel Ferrer mit seinem Hündchen »Famous« im Flugzeug nach New York.

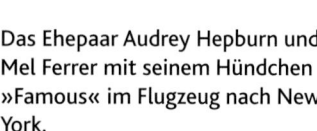

Die »Leichte Muse« und der Film

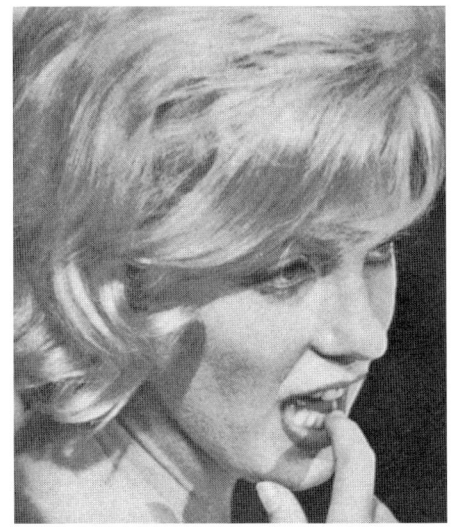

Weltstars: Marilyn Monroe in Hollywood, Gérard Philipe in Paris, Liz Taylor und ihr damaliger Mann, der Filmproduzent Mike Todd, die Filmkomiker Dean Martin und Jerry Lewis, der junge Richard Burton 1955 in Madrid mit Danielle Darrieux.

Die Primadonna Maria Callas und
ihr Milliarden-Reeder Aristoteles
Onassis beim Militärgouverneur
von Mallorca.

Der Stierkämpfer Dominguin mit
Orson Welles, dem »Dritten Mann«.

Die »Leichte Muse« und der Film

Showbusiness

Große ausländische Entertainer wie Maurice Chevalier und Marcel Marceau, der Pantomime von Weltrang, traten zu Zeiten Adenauers in Deutschland auf, ebenso wie die damals noch völlig unbekannten Beatles, die Pilzköpfe aus Liverpool. Sie begannen in Hamburg ihre steile Karriere. Elvis Presley sang und spielte sich als Filmstar in die Herzen des deutschen Publikums, und der große Trompetenvirtuose »Satchmo« Louis Armstrong verzauberte seine Fans mit seinem Welthit »Oh, what a wonderful world«. Für den berühmten spanischen Clown Charlie Rivel war Deutschland von 1934 bis in die 1980er-Jahre eine zweite Heimat.

Dr. Adrian Wettach alias Grock spielte sich selbst im Film.

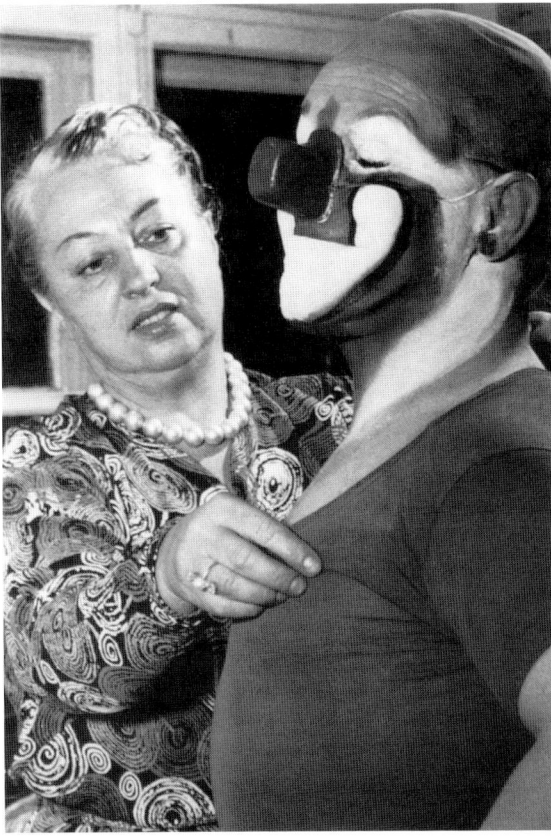

Charlie Rivel wurde überallhin von seiner geliebten Frau begleitet.

Maurice Chevalier bekam in Deutschland so viele »Vorhänge«, dass er seine begeisterten Zuschauer nur im Morgenmantel zum Aufhören bewegen konnte.

Harry Belafonte sang Ende 1958 im Saal des Waldorf Astoria Hotels in New York.

Der Komponist Michael Jary mit der schwedischen Sängerin Zarah Leander 1949 bei einem Gastspiel in Frankfurt.

Die »Leichte Muse« und der Film

Louis »Satchmo« Armstrong spielte meisterhaft Trompete, als Sänger (»High society«) war er Filmpartner von Grace Kelly und Frank Sinatra.

Operettenkönig Franz Lehár beim Signieren.

Der Klarinettist Hugo Strasser und der Saxophonist Max Greger bei einer Jam-Session im Jahr 1949. Später leiteten beide ihr eigenes Big Band.

Sport – die schönste Nebensache

Der Sport entwickelte sich zunehmend zum festen Bestandteil des gesellschaftlichen Lebens, ja zu einer Lebensform. Konrad Adenauer meinte später einmal, dass der Sport der Arzt am Krankenbett des Volkes sei. Gegen Ende der 1960er-Jahre hatte die deutsche Turn- und Sportbewegung schon nahezu acht Millionen Menschen im Deutschen Sportbund zusammengeführt, sie war damit die größte freiwillige Gemeinschaft in der Bundesrepublik. Aus dieser Schule wuchsen die Athleten, die 1952 zum ersten Mal nach dem Krieg zu Olympischen Spielen zugelassen wurden, oder die, welche jedes Wochenende die Stadien mit ihrem Fußballspiel füllten.

Deutschland war nur durch die Bundesrepublik beim Einmarsch zu den Olympischen Sommerspielen in Finnland vertreten.

Helsinki 1952

Im finnischen Helsinki wurde den Olympischen Sommerspielen wieder ein gebührender Rahmen verliehen, nachdem die Spiele 1948 in London noch sehr im Zeichen der Entbehrungen nach dem Krieg standen. 5867 Athleten aus 69 Ländern kämpften in einem Stadion um die Medaillen, das durch eine reizvolle Holzkonstruktion von 45 000 auf 70 000 Zuschauerplätze erweitert worden war. Die meisten ausländischen Besucher mussten in Privatzimmern übernachten, sie wurden rührend von der Bevölkerung der Hauptstadt umsorgt.

Der Clown von Jamaika, der Weltrekordmann über 400 Meter, George Rhoden, gab im Liegen Autogramme.

Bob Mathias aus den USA beim Diskuswerfen im Zehnkampf.

Avery Brundage und Lord Burghley
sind Vorsitzende und Stellvertreter
des I.O.C.

Die weinende Olympiasiegerin
Pat McCormick.

Sieger in der 4 x 400-Meter-Staffel
wurden die Läufer von Jamaika.

Zum »Laufwunder von Helsinki«
wurde Emil Zatopek aus der ČSSR,
gefolgt von dem für Frankreich
startenden Algerier Minoun.
Zatopek gewann die 5000 Meter,
die 10 000 Meter und den Marathon-
lauf.

Nach dem Zieleinlauf des Marathons
eilte Zatopek zur Tribüne und küsste
seine Frau Dana, die im Speerwurf
die Goldmedaille gewonnen hatte.

Der Vater und Trainer des 19-jährigen Franzosen Jean
Boiteux sprang zu seinem Sohn, der über 400 Meter Kraul
eine Goldmedaille errang, ins Wasser.

Melbourne 1956

Die schnellsten Männer ihrer Zeit trafen sich 1956 in Melbourne: Heinz Fütterer, der zwei Jahre vorher in Yokohama 100 Meter in 10,2 Sekunden gelaufen war und die gleiche Weltrekordzeit einstellte, die Jesse Owens (r.) schon 1936 in Chicago aufgestellt hatte.

Den Spielen von Helsinki waren die Athleten der DDR noch ferngeblieben, aber vier Jahre später bildeten die West- und Ostdeutschen eine gesamtdeutsche Mannschaft – zuerst für die Winterspiele 1956 im italienischen Cortina d'Ampezzo, dann für die Sommerspiele im australischen Melbourne. Diese Regelung galt auch für die Spiele 1960 in Squaw Valley, USA, und Rom sowie 1964 im österreichischen Innsbruck und zuletzt in Tokio. Bei einem Sieg wurde bei der Ehrung Beethovens »Hymne an die Freude« intoniert. Dies war, so sagte Avery Brundage, der Sieg des Sports über die Politik. Trotzdem überschatteten vor allem zwei kriegerische Ereignisse die sportliche

Veranstaltung in Melbourne: In Ägypten brach die Suez-Krise aus, und der Aufstand der Ungarn gegen die Sowjets wurde mit Panzern blutig niedergeschlagen. Die ungarischen Sportler trugen Trauerflor, und einige Athleten kehrten im Mannschaftsflugzeug nicht wieder nach Budapest zurück, sondern gingen ins Exil.

Zehnkampfsieger Milton Campbell aus den USA legte seinem Teamkameraden Rafer Johnson, der gerade die Silbermedaille gewonnen hatte, eine Decke um und lief mit ihm eine Ehrenrunde nach dem 1500-Meter-Lauf.

Die erste Goldmedaille für Deutschland in Melbourne erkämpfte im 200-Meter-Brustschwimmen die Dortmunderin Ursula Happe. Die Leipzigerin Eva Maria ten Elsen wurde Dritte.

Rom 1960

Die Spiele in Rom, die XVII. Olympiade seit dem Neubeginn in Athen im Jahre 1896, wurden zu einem besonderen Ereignis. Denn 5396 Athleten aus 84 Nationen feierten das Fest in einer Kulisse aus moderner und antiker Architektur: Im Circus Maximus kämpften die Ringer und in den Thermen des Caracalla die Turner um die Medaillen. Zwischen den Ruinen der Via Appia Antiqua legten die Marathonläufer ihre 42 Kilometer zurück. Papst Johannes XXIII. konnte mit dem Feldstecher von den Fenstern seiner Sommerresidenz Castel Gandolfo aus die Ru-

Ingrid Krämer gewann beide Turmspringwettbewerbe.

Armin Hary, der glückliche 100-Meter-Sieger, winkt dem Publikum.

Sport – die schönste Nebensache

Im Zielauslauf der 4 x 100-Meter-Staffel: Neben der Siegerin Wilma Rudolph fallen sich die Deutschen Martha Langbein und Jutta Heine vor Freude um den Hals, sie hatten die Silbermedaille errungen.

derwettbewerbe, in denen die Deutschen dreimal Gold gewannen, auf dem nahen Albaner See verfolgen. Im riesigen Fiumino-Stadion wurden die Leichtathletikkämpfe ausgetragen. Armin Hary war der schnellste Mann der Welt, bei den Frauen gewann die »Schwarze Gazelle« aus den USA, Wilma Rudolph, sowohl den 100-Meter- und den 200-Meter-Lauf und holte auch als Schlussläuferin der 4 x 100-Meter-Staffel Gold. Bei der 4 x 100-Meter-Staffel der Männer triumphierten die deutschen Läufer Cullmann, Hary, Mahlendorf und Lauer.

Der deutsche Gold-Achter fährt auf dem Albaner See zur Siegerehrung.

Olympische Winterspiele

Die kanadische Eiskunstläuferin Barbara Ann Scott im Training.

Bei den olympischen Winterspielen konnten 1952 in Oslo nur die deutschen Frauen in den Skiwettbewerben Medaillen erzielen: Annemarie Buchner gewann Silber im Abfahrtslauf, Ossi Reichert im Spezialslalom. Die Goldmedaille im Eiskunstlauf der Paare errangen Ria und Paul Falk, die ersten deutschen Eisläufer. Andreas Ostler siegte mit Lorenz Nieberl im Zweierbob und mit Friedrich Kuhn und Franz Kemser auch im Viererbob. Die Winterspiele 1956 in Cortina

d'Ampezzo standen ganz im Zeichen des »Blitz aus Kitz«, Toni Sailer, der Abfahrt, Spezial- und Riesenslalom überragend für Österreich gewann und dabei für den Film entdeckt wurde.

1960 stritten die Wintersportler der Welt im US-Staat Nevada, hoch über dem kalifornischen San Francisco, um die Olympischen Medaillen. Gold gewann Heidi Biebl im Abfahrtslauf, Helga Hase (DDR)

im Eisschnelllauf über 500 Meter, Helmut Recknagel (DDR) im Spezialsprunglauf und Georg Thoma in der Nordischen Kombination.

In Innsbruck 1964 waren die ostdeutschen Rodler Ortrun Enderlein und Thomas Köhler die Gewinner ihrer Disziplin. Der Münchner Manfred Schnelldorfer holte die Goldmedaille im Eiskunstlauf, Kilius-Bäumler wurden im Paarlauf Zweite hinter den Russen.

Der Postbote aus Hinterzarten im Schwarzwald, Georg Thoma, wurde 1960 überlegener Sieger in der Nordischen Kombination. Sportführer Karl Ritter von Halt überreichte ihm die Goldmedaille mit einem Klaps auf die Wange.

Gefeierte Siegerin des Abfahrtslaufs der Frauen wurde in Squaw Valley, USA, die Oberstaufenerin Heidi Biebl.

Vor dem lodernden Olympischen Feuer halten Marika Kilius und Hans-Jürgen Bäumler glücklich ihre Silbermedaillen.

In den Skiwettbewerben von Squaw Valley hatte Willy Bogner jr. großes Pech: Im zweiten Durchgang des Spezialslaloms – im ersten war er Bestzeit gelaufen – stürzte er und musste aufgeben.

An der offenen Südwand der Eishalle von Squaw Valley hingen riesige Olympische Ringe, die ihren Schatten auf die Eisfläche warfen. Das kanadische Paar Barbara Wagner und Robert Paul lief über sie hinweg zum Sieg.

Sport – die schönste Nebensache

Fußball

Des deutschen Fernsehzuschauers liebstes Kind war das Fußballspiel. Wenn ein wichtiges Länderspiel übertragen wurde, waren die Straßen leergefegt und in Wohnzimmern und Gaststuben saßen Millionen Fans vor der »Glotze«. Seit es die Bundesliga gab, gingen die Zuschauerzahlen in den Stadien jedes Wochenende insgesamt in die Hunderttausende.

Neun Jahre nach dem Krieg wurde die deutsche Nationalmannschaft mit Bundestrainer Sepp Herberger am 4. Juli 1954 durch den Sieg über Ungarn im regennassen Wankdorf-Stadion Fußballweltmeister. Das Ereignis ging als Wunder von Bern in die deutsche Geschichte ein. Der Schütze des Sieg bringenden dritten Tores, Helmut Rahn, wurde zum Nationalheld, und als die Weltmeistermannschaft unter Kapitän Fritz Walter in offenen Autos durch die Menschenmassen einiger deutscher Städte fuhr, kannte die Begeisterung keine Grenzen. Unglücklich für die Deutschen endete

Helmut Rahn, der Torschütze zum Weltmeisterschaftssieg, wird von seinen Teamkameraden vor Freude fast erdrückt. Deutschland siegte mit 3:2 gegen Ungarn.

Die deutsche Mannschaft während der Nationalhymne, die dem Weltmeister zu Ehren durch das Berner Stadion schallt (v.l.): Bundestrainer Sepp Herberger, Kapitän Fritz Walter, Torwarts Toni Turek, Horst Eckel, Helmut Rahn, Ottmar Walter, Werner Liebrich

die Weltmeisterschaft 1958 in Schweden. Im Semifinale gegen das Gastgeberland wurde der deutsche Verteidiger Erich Juskowiak wegen eines Fouls des Feldes verwiesen und auch Fritz Walter musste wegen einer Verletzung aufgeben. Das Spiel war verloren. Im Finale schoss der neue Fußballstar Pelé die Brasilianer zum Weltmeistertitel.

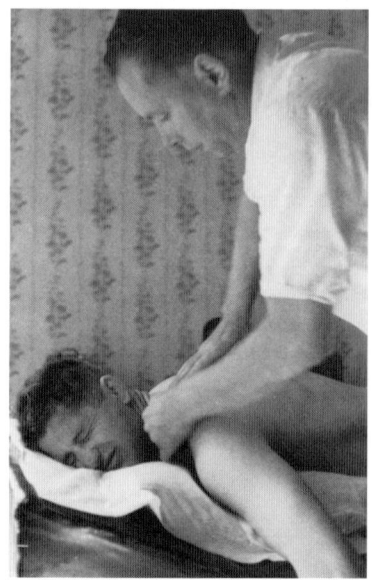

Ganz Deutschland – hier die triumphale Fahrt in offenen Wagen über den Karlsplatz in München – jubelte der Siegermannschaft zu. Im Berliner Olympiastadion wurde die Elf von Bundespräsident Heuss geehrt.

Der Nationalheld Helmut Rahn wird von Erich Deuser massiert.

Uwe Seeler vom Hamburger S.V. bei der Fußballweltmeisterschaft 1962 in Chile.

Der berühmte Fußballer Edson Arantes do Nascimento alias Pelé aus Brasilien im Trachtenlook.

In Chile 1962 wurde die deutsche Mannschaft von der jugoslawischen um den Erfolg gebracht, aber ein neuer Fußballliebling der Deutschen war geboren: der Hamburger Uwe Seeler.

1964 löste Helmut Schön, der Assistent Herbergers, diesen im Amt des Bundestrainers ab. 1965 stieg mit Bayern-München ein neuer Star in die Bundesliga auf: Franz Beckenbauer, der ein Jahr später schon in die Nationalelf kam und mit dieser 1966 nach England zur Fußballweltmeisterschaft fuhr. Im Finale gegen den Gastgeber verloren die Deutschen 4:2 gegen England.

Die Mannschaft des Bundesligisten FC Bayern im Flugzeug: Torwart Sepp Maier, dahinter Franz Beckenbauer.

Zeit ohne Krieg

In den Jahren der Adenauerzeit war die Bundesrepublik Deutschland in keinen Krieg verwickelt. Es herrschte Frieden im Lande, wenn man von den Turbulenzen des Kalten Krieges absieht, in die die Bundesrepublik wegen ihrer Zugehörigkeit zur NATO verwickelt wurde. Seit 1956 gab es eine starke Bundeswehr, gut ausgebildet und mit den modernsten Waffen versehen, die aber nicht dem Angriff dienen sollten. Für die neuen deutschen Soldaten war die Bezeichnung »Soldat für den Frieden« gefunden worden, dessen Aufgabe die Erhaltung des Friedens war, der durch Abschreckung gesichert werden sollte.

Aufarbeitung des jüngsten Krieges: Das Urteil gegen die Kriegsverbrecher im Nürnberger Prozess tönt am 1. Oktober 1946 aus den Lautsprechern. Taxifahrer tragen in vorbereitete Listen die verhängten Strafen ein.

In der sowjetischen Besatzungs-zone herrschten Unruhen. Am 17. Juni 1953 lehnten sich in Ostdeutschland politisch engagierte Menschen gegen das SED-Regime auf. Der Aufstand wurde von sowjetischen Panzern blutig niedergeschlagen. Es gab zahlreiche Tote und Verletzte. Am 13. August 1961 begann das SED-Regime, in Berlin die Mauer zu bauen, die bald von der Ostsee bis zum Fichtelgebirge ganz Deutschland in zwei Teile zerschnitt.

In der Bernauerstraße bilden die Häuserfronten die Sektorengrenze – die Straße gehört zum Westen. Viele Einwohner Ostberlins sprangen aus den Fenstern in die Freiheit, manche sprangen in den Tod. Für sie wurden Kreuze auf dem Pflaster errichtet, die immer neu mit Blumen geschmückt waren.

Jeder Volksarmist ist der »Volksdemokratie« der Deutschen Demokratischen Republik verpflichtet.

Das Pentagon in Washington, der Sitz des Verteidigungsministeriums der Vereinigten Staaten von Amerika. Hier wurden die Entscheidungen im Kalten Krieg gefällt.

Amerikas Gegenspieler im Kalten Krieg. Die traditionelle Parade diente der sowjetischen Armee als Machtdemonstration.

Die neue westdeutsche Bundeswehr
brachte 1961 Panzertruppen samt
Gerät nach Wales, um dort auf einem englischen Truppenübungsplatz
Manöver zu üben. Die Waliser de-
monstrierten dagegen.

Durch die ausgestorbenen Straßen
von Pembroke, Wales, marschieren
nach den Protestaktionen deutsche
Soldaten – ohne Waffen, nur mit der
Kamera.

Adenauers Abschied

Einige Male während seiner langen Regierungszeit war Bundeskanzler Adenauer ernstlich erkrankt. Familie, Partei und das deutsche Volk bangten dann um sein Leben, aber Adenauer kehrte immer wieder zu seiner Regierungsarbeit zurück. Selbst nach seiner Ablösung als

Nach wochenlangem Krankenstand macht sich Konrad Adenauer, begleitet von seinem Sohn Paul, wieder auf den Weg zur Arbeit nach Bonn. Vorher erwidert er den Gruß seines Wachhabenden am Fuße seines Wohnhauses.

Als 1955 die Börsenkurse abstürzten, wurde Adenauers Sohn, Kaplan Paul Adenauer, auf dem täglichen Weg zur Frühmesse oft nach dem Befinden des kranken Vaters befragt. Er gab keine Auskunft.

Adenauers Ärztin auf Hausbesuch. Sie hielt sich bei Nachfragen strikt an die Schweigepflicht.

Bundeskanzler durch Ludwig Erhard blieb er ein pflichtbewusster Bundestagsabgeordneter und verlegte sich auch als CDU-Vorsitzender nicht aufs Altenteil. In seiner Freizeit arbeitete er an seinen Memoiren, die er als vierbändiges Werk veröffentlichte. Am 19. April 1967 verstarb Konrad Adenauer im Alter von 91 Jahren.

Mit einem feierlichen Staatsakt, zu dem unter strengen Sicherheitsmaßnahmen Trauergäste aus 54 Ländern der Welt kamen, verabschiedeten sich die Familie, Freunde, Bekannte, Kollegen und das deutsche Volk von einem großen Politiker, der die Geschichte der jungen Bundesrepublik entscheidend mitgestaltet hatte: Am 15.9.1949 hatte Adenauer das schwerste Amt angetreten, das je ein deutscher Staatsmann übernahm. Als erster Nachkriegskanzler

Am Morgen des 19. April 1967 gingen die Fahnen auf Halbmast oder trugen Trauerflor: Konrad Adenauer war um 13.21 Uhr verstorben.

Tiefe Trauer um Konrad Adenauer

Sie knien nieder, beten und weinen

Konrad Adenauer ist tot

Ein Verlust für die freie Welt

Die Zeitungen reagierten auf die Todesmeldung mit Sonderblättern.

half er dem deutschen Volk, dessen Ruf in der Welt wieder aufzubauen und neues Ansehen zu gewinnen. Seine Freunde schätzten ihn, seine Gegner fürchteten ihn, aber keiner konnte ihm Respekt und Anerkennung versagen.

Tausende von Trauernden besuchten in der Folgezeit das Familiengrab der Adenauers in Rhöndorf, wo Dr. Konrad Adenauer beigesetzt worden war.

Die Nachfolger

Nachdem Konrad Adenauer im Oktober 1963 von seinem Amt als Bundeskanzler zurückgetreten war, wurde Ludwig Erhard am 16. Oktober 1963 vom Bundestag zum neuen Kanzler gewählt. Bei den Wahlen zum Fünften Deutschen Bundestag am 15. September 1965 wurde Erhard im Amt bestätigt, doch bereits am 31. Oktober 1966 verlangte die SPD angesichts der wirtschaftlichen Schwierigkeiten des Landes, dass er die Vertrauensfrage stelle, was dieser empört ablehnte. Doch noch Ende November trat Ludwig Erhard zurück. An seiner Stelle wurde am 1. Dezember Kurt Georg Kiesinger zum Bundeskanzler gewählt, und die CDU bildete mit der SPD eine Große Koalition. Willy Brandt übernahm das Amt des Vizekanzlers und Außenministers, Karl Schiller und Franz Josef Strauß sollten als Wirtschafts- und Finanzminister die Bundesrepublik wieder aus der Rezession herausführen. Am 5. März 1969 wurde der Sozialdemokrat Gustav Heinemann zum Bundespräsidenten gewählt. Bei den Bundestagswahlen vom 28. September 1968 gewannen SPD und FDP genug Stimmen, um eine sozialliberale Koalition zu bilden, Willy Brandt wurde Bundeskanzler und Walter Scheel bekleidete das Amt des Vizekanzlers und Außenministers. Brandts neue Ostpolitik trug dazu bei, das Klima des herrschenden Kalten Krieges zu mildern und eine schrittweise Annäherung an die östlichen Nachbarn der Bundesrepublik zu ermöglichen. Für diese Verdienste erhielt er 1971 den Friedensnobelpreis.

Ludwig Erhard vor seinem Haus in
Gmund hoch über dem Tegernsee
mit seiner Frau, den Enkeln und
seinem Markenzeichen, die dicke
Zigarre.

Bundeskanzler Willy Brandt und
Ministerpräsident Alexej Kossygin
unterzeichnen im Kreml den
deutsch-sowjetischen Vertrag
(Moskauer Vertrag) im Beisein von
Leonid Breschnew, Egon Bahr, dem
deutschen Botschafter Helmut
Allardt und dem Regierungssprecher
Rüdiger von Wechmar.

Kurt Georg Kiesinger nahm Abschied von der Großen
Koalition und dem Bundeskanzleramt, in dem nun der
bisherige Außenminister Willy Brandt Chef war.

Franz Georg
Strauß
Mein Vater
Erinnerungen

HERBiG

296 Seiten
Mit 85 teilweise bisher unveröffentlichten Fotos
ISBN 978-3-7766-2573-8

Franz Georg Strauß erzählt, wie sein Vater Politik machte, zu Hause und in der Welt.

»... ich hatte den Wunsch, als Sohn von Franz Josef Strauß einiges richtig darzustellen. Manchem, der das Buch für zu subjektiv hält, halte ich die Frage entgegen, ob nicht er selbst eine zu subjektive Sicht auf Franz Josef Strauß hat. Ich als Sohn darf eine subjektive Meinung haben, zumal ich nichts weggelassen habe, was zu einer anderen Einschätzung seines Wirkens führen könnte.«

In seinem Rückblick erzählt Franz Georg Strauß – nicht ohne Selbstironie – von seinen Erfahrungen mit dem Übervater. Er zeigt ihn als unermüdlichen Kämpfer für die Demokratie, ein vereintes Deutschland, den Wirtschaftsstandort Bayern, gibt Einblicke in dessen Arbeitsstil und in private Leidenschaften wie das Fliegen und berichtet von beeindruckenden Begegnungen etwa mit Michail Gorbatschow und Teddy Kollek.

Er zeichnet ein privates Bild von Franz Josef Strauß, das den Familienvater nach dem tragischen Tod seiner Frau ebenso wie den Politiker, der die bundesdeutsche Zeitgeschichte entscheidend prägte, ganz aus der Nähe zeigt.

www.herbig.net

HERBiG